投資中國

——台灣商人大陸夢

劉文成◎著

序　言

我在大陸經商近十年，然而對中國的事物卻茫然不知，原以爲自己孤陋寡聞，一問之下，竟有大部分台商猶如我者，令人不勝唏噓！俗話說：「在羅馬說羅馬話」，《台灣通史》作者連橫先生曾說：「身爲台灣人，不可不知台灣事」，而台商在大陸做生意，更不可不知中國的經濟與競爭對象，才能知己知彼，百戰百勝！

目前台商在中國約有二十五萬人，每年有好幾百萬台灣人進出大陸，但對於中國的政經制度與社會結構卻置若罔聞，實在是台商經商的一大警訊，百分之九十在中國經商的台商之所以失敗，原因在於長期漠視當地人文環境、社會生態，與對法令制度的不了解，以至於鎩羽而歸的多，衣錦返鄉的少，實在是人生一大憾事。

台灣人不僅對大陸事務採取「事不關己」的態度，甚至連台灣自身的事務都毫不關心。身爲台灣人不知台灣事，做爲台商不知兩岸企業經營型態與經濟互動，眞是台灣人的悲哀！有鑑於此，本人竭盡所能，奔走於兩岸經商之際，走訪各企業、工廠，了解其經營方法與理念，並閱讀大量有關兩岸經濟發展與企業互動的書籍，基於中國所發布的統計資料不可盡信，同時參閱台灣官方所公布的統計數字，《中國時報》、《聯合報》、《自由時報》、《經濟日報》、《工商時報》、《天下》雜誌，和中國大陸出版的《人民日報》、《南方週末》、《中國企業家》雜誌和《亞洲商業週刊》等補實內容，增加統計數字的可靠性。希望藉由「拋磚引玉」能對台灣人或台商有些微幫助，如此即能心寬體胖，對國家社會才有所交待。並呼籲台商能將在大陸所得經驗，集結出書與書友分享，這也是我出書的動機。

《投資中國——台灣商人大陸夢》是寫給已在大陸經商或即將遠赴中國商場奮鬥的台商看的，盼能藉此書多了解兩岸企業發展與公司經營理念，而使自己的事業發展得更成功。本書第一章先了解台商爲什麼要到中國投資，第二章介紹台資企業在中國的競爭對象，第三章披露中國改革開放前後的工業化與經濟發展，讓台商更加了解大

陸當地企業體制與發展。唯有結合兩岸產業優勢，攜手共創未來，台灣才有前途。而其中扮演關鍵性角色的便是台商。未來兩岸走向統一或分離，台商是居間的推手，無人能取代。

本書得以付梓，要感謝的人太多，首先感謝兩岸的企業或個人所提供的協助，生智出版公司給我這個機會，能使本書出版，最後感謝所有支持我的書友，能給我批評、指教！

劉文成　謹識

目 錄

中國共產黨時期的工業化與經濟發展

第一章

台商爲什麼要到中國投資

3　第一章　台商爲什麼要到中國投資

從企業發展的角度，台商投資中國主要有四個目的：

1.扭轉競爭劣勢。

2.攻佔大陸市場。

3.擴展產業縱深度。

4.世界各大企業皆已進入，不加快腳步，恐無市場機會。

爲此，台商將會擴大對中國的投資以尋求區域分工和降低成本，一些技術層次較低的電子機械組件也將移往中國或在中國建立原料廠，「當地化」的程度會繼續提高，在增加對中國投資的同時，降低兩岸的進出口貿易，原料由早期的台灣供給，轉變成當地生產。

自八〇年代末期以來，台商對中國投資逐漸形成熱潮，除了兩岸已從過去的緊張對峙，逐漸轉向緩和交流的政治環境變化外，兩岸經濟環境的巨大變化也是一個舉足輕重的因素。中國經濟發展與台灣早期一樣，是由窮到富的過程，在此過程中經濟發展的最大問題是資金短缺所造成的瓶頸。爲解決資金不足問題，中國必須廣泛實施對外開放，尋求資金來源，並以各式各樣的優惠政策吸引外資，尤其是同文、同種、同語的台資。

中國改革開放的經濟形勢及結構性的改變，是導致八〇年代末期以來，台商對中國投資漸趨熱絡的基本原因。另一原因則是台灣本身經濟的發展變化及投資環境的惡化，促進台商赴中國投資的熱潮。

台灣經濟發展的過程

一九五〇年代，台灣經濟開始工業化，以農業帶動工業的發展，當時所面臨的社會經濟基本狀況並非特別適合工業化的發展，在缺乏天然資源情況下，要找一條適合台灣實際的經濟發展道路，確立正確的發展戰略，以促進台灣經濟的順利起飛。在某種意義上，由於經濟發展道路和戰略的選擇與制定執行在當時的條件下是正確的，所以在日後成爲舉世矚目的「亞洲四小龍」之一。

一、台灣經濟起飛前的社會經濟狀況

台灣在二次戰後經濟發展的起點較低，一九五二年的國民平均所得僅一百九十六美元，比菲律賓還低，如同發展中國家一樣，人民窮政府也窮，但窮也有它的好處，「窮」對經濟發展具有雙重意義：一方面以資金、人才的短缺抑制經濟過熱的發展；另一方面以消費水準低而使勞動力成本低，有利於提高企業產品市場競爭力。

五〇年代的台灣經濟形勢具有以下的特點：整體經濟以農業爲主，但農村土地高度集中於少數地主手中；社會勞力過剩，平均達百分之三點六的人口年成長率，形成巨大的就業壓力；國民儲蓄率因所得少而偏低，淨儲蓄率僅爲百分之五，而依賴美援資金發展，經濟難以持久；對外貿易和國際收支逆差嚴重，外匯極度短缺，嚴重影響經濟建設的發展；台灣市場因國民所得低，而無力消費進口工業產品；企業因技術落後、規模小、成本高，產品無法與外國產品競爭。如此不利台灣經濟發展的條件下，必須進行社會經濟改革，否則台灣無法生存。

二、台灣經濟起飛的發展策略

一九五二年開始進行全面性的社會經濟改革，首先確定第一個「四年經建計畫」，以「農業培養工業、以工業發展農業」爲目標，繼續推動自一九四九年開始的「土地改革」，以此作爲實現工業化的開端。土地改革分三階段進行：一九四九年實施「三七五減租」的改革政策、一九五一年實施「公地放領」、一九五四年實施「耕者有其田」。土地改革的完成，促進農村過剩人口往工業發展，提高農業勞動生產力，爲發展工業培育生產勞動力和生活消費品市場。

一連串改革措施帶動台灣工業化進程。思考工業化的方向是把工業發展重心放在資金需求量不大、技術層次不高、建廠期間短的民生工業上。在工業發展中制定具體原則：優先發展進口替代工業，以適應台灣的消費水準和節省外匯開支；大力發展勞動力密集型工業，以創造更多就業機會，減輕失業壓力，並提高人民收入及生活水準。選擇低勞動成本、高勞動力的勞力密集型工業，不僅使台灣工業產品能夠在世界市場中立足，以不斷擴張的出口效應帶動整個經濟的迅速發展，低勞動成本不僅是台灣經濟重要動力之一，且形成工業發展一個重要的著力點。

三、一九六〇～七〇年代台灣經濟起飛的過程

台灣工業發展過程中，以加工製造業扮演火車頭的角色帶動以後的紡織和機電等勞力密集型輕工業。加工製造業的發展，以食品工業爲先，一九五四～一九六一年，食品工業的成長非常快速，佔整個工業發展的百分之二十五點四，最初主要產品是糖類製品，佔食品加工業產值百分之四十五，在其出口產品中佔百分之八十五比重。

隨著經濟發展，代之而起的是紡織工業，在整個工業發展中所佔比重，從一九五四～一九六一年的百分之七點三，增到一九六六～一九七一年的百分之二十七點三。有「配額大王」之稱的威京小沈正是此時崛起的。在六〇年代後期，隨著加工出口區

的建立，及大量原料加工或原樣加工的興起，電子工業有很大進展，逐漸在整個工業中佔據重要地位。工業就業人口在總就業人口中的比重，由一九六〇年的百分之二十點五二提高到一九七三年的百分之三十三點六九；出口貿易額中工業製品的比重由一九六〇年的百分之三十二點三增到一九七三年的百分之八十四點六，台灣工業形成一個以加工出口爲導向，以紡織、家電等加工業爲核心的產業支柱，帶動經濟起飛。

在經濟發展過程中，由於受到內需市場資源不足、勞力過剩和科技層次低的影響，產生許多特點，諸如：企業規模小、產業結構輕、產業技術層次低、對外依賴性較大等等。

四、一九八〇年代台灣經濟面臨的困境與轉型

八〇年代，工業逐漸成爲台灣經濟的主幹，一九五二年工業佔GDP的比重僅爲百分之十九點六九，到一九七三年上升到百分之四十三點八，同期農業比重從百分之三十二點二下降到百分之十二點一，工業成爲經濟的主要部門。由於經濟發展過熱，

自然也產生一些問題，諸如：發生「淺碟子經濟」。所謂「淺碟子經濟」是指經濟的對外市場和技術依賴程度較高，容易受外部環境的影響，產業及其產品的技術層次較低，不足以維持較長時期的競爭優勢。發展到最後會形成結構性的產業及產品競爭力衰退，傳統出口市場萎縮。再者，生產成本提高，經濟效益下降也影響經濟發展。在經濟起飛過程中，台灣的實際工資雖有所成長，但工資成長率維持在經濟成長水準之下，從一九八六～一九九一年，以美元計算的單位勞動成本指數上升百分之五十七，上升幅度居世界之首。勞動力成本之所以大幅提升，有經濟發展水準提高的正常因素，更重要的是台灣已從勞動力過剩轉變爲勞工短缺。造成勞力短缺的原因有：人口出生率降低、教育程度提高使藍領階層減少、就業人口流向第三產業日益增多。一九八八年，第三產業就業人數首次超過工業就業人數。再加上前所未有的環保運動，迫使企業增加相關環保投入（中鋼投入環保設備金額高達二百一十七億美元，佔總投資百分之十三）增加生產成本。勞動密集型產業喪失勞動力的優勢，自然失去生存發展的基礎。八〇年代美國的貿易保護主義及鄰近國家以低於台灣的生產成本不斷蠶食台灣傳統出口市場，致使競爭力不斷下降，企業投資意願低落，甚至達到一九九○年負百分之一點二的工業負成長。台灣經濟走到十字路口，如何轉型面臨著極大考驗。

八○年代以來台灣經濟面臨的困境實質是總體經濟嚴重失衡。一方面出口擴張迅速而進口成長相對緩慢，貿易順差不斷擴大，且出口市場集中於美國，造成外部失衡；另一方面，投資不足且民間需求疲軟，超額儲蓄不斷擴大，游資氾濫導致內部失衡。外部失衡的壓力主要在美國爲減少對台貿易逆差，要求台灣開放市場，同時急速增加外貿順差也有不利因素。它迫使台幣升值，引發通貨膨脹，削弱出口競爭力。而內部失衡的影響，一方面由於不再享有低廉勞動力的條件，以勞力密集型產業爲主的工業逐漸失去比較優勢，需要在生產結構和資源分配方面進行調整。另一方面對外投資以擴大經濟規模已成爲不可避免的重大課題。

在內外環境變化壓力下，政府於一九八六年正式推動實施「自由化、國際化和制度化」的經濟轉型，以徹底市場化的經濟體制來推動經濟進一步發展。主要的體制革新有：大幅降低關稅，平均名目稅率由一九八二年的百分之三十一點零四降到一九九二年的百分之八點八九；減少非關稅障礙，到一九九二年，在進出口貨物分類表中的九千一百三十項貨品，管制進出口貨品分別只佔百分之二點六五和百分之一點一五；放寬貿易和投資限制，從一九八八年起陸續解除了對古巴外的社會主義國家的貿易限制，並相繼開放中國的農工原料及半成品間接進口；廢除利率與外匯管制，放寬對民間新銀行設立和金融業務限制，開放新證券商的設立和允許外國投資機構正式到台設立分支機構。

同時，爲解決工業競爭力下降和出口市場過於依賴美國的問題，又提出產業升級和拓展出口市場的發展方針，以促使產業結構調整、提高競爭力和減輕對美出口市場的依賴。把發展耗能低、技術密集和高附加價值產業作爲其產業升級的目標，以面向國際市場，提高出口產品的市場競爭力，因而廢除一九六〇年起一直執行的「獎勵投資條例」，於一九九〇年公布「促進產業升級條例」，把獎勵重點從特定產業轉向各產業的研發和環保。同時又選定精密機械與自動化、通訊、資訊、電子、航太工業、高科技材料、半導體、醫療保健、特殊化學品與製藥、污染防治等十項產業爲策略性產業，加以重點推動發展。

以上因素的形成，導致台商自八〇年代中期開始對外投資熱潮，一九七九年中國改革開放後，制定一系列優惠政策和措施對外商開放，以利招商引資，尤其台商享有更多優惠措施，故頂著「經濟奇蹟」的光環，像飛蛾撲燈似的投向中國。

台商在中國投資的政策演變

台商在中國投資是伴隨著兩岸經貿交流的發展而興盛起來，基本上是從八〇年代以後才開始，台商在中國投資的發展程度，也是隨著兩岸有關政策的日趨開放而不斷升溫，兩岸相關政策的變化，有其深刻的政治、經濟和社會背景，聰明的台商很會觀察「風向球」，隨時目視著它的變化。

一、台灣兩岸投資政策背景

一九七九年一月十二日，前行政院長孫運璿就中國「全國人大常委會告台灣同胞書」發表嚴正聲明，把中國共產黨的「由於長期隔絕，大陸和台灣同胞互不了解，對於雙方造成各種不便。遠居海外的許多僑胞都能回國觀光，與家人團聚。爲什麼近在咫尺的大陸和台灣同胞都不能自由來往呢？我們認爲，這種藩籬沒有理由繼續存在。我們希望雙方儘快實現通航、通郵，以利雙方同胞直接接觸、互通訊息、探親訪友、旅遊參觀，進行學術、文化、體育、工藝觀摩。台灣和祖國大陸，在經濟上本來是一個整體，這些年來經濟聯繫不幸中斷。現在，祖國的建設正在蓬勃發展，我們希望台灣的經濟日趨繁榮。我們相互之間完全應當發展貿易、互通有無進行經濟交流。這是相互的需要，對任何一方都有利而無害」文告視爲「統戰陰謀」。一九七九年四月四日蔣經國在國民黨中常會上正式提出「三不政策」，堅持與中國「不接觸、不談判、不妥協」的立場，以拒絕兩岸的和談和交流。在「三不政策」主導下，嚴禁人民赴中國探親、觀光及台商到中國投資。

一九八○年十二月，學術界和媒體首先向政府建議開放大陸探親，取消「三不政策」，社會各階層民眾也普遍希望海峽兩岸打破軍事對峙，恢復人民之間正常交往。文化界開始透過媒體向人民介紹一些中國情況，工商界暗地裡輾轉第三地到中國從事經貿活動，來自社會各界的輿論匯成一股強大潮流，衝向台灣的「三不政策」。台商通過繞道第三地，避開政策限制，前往中國開展經貿生意，使兩岸經貿交流呈逐年增加的發展趨勢。

一九八五年面對無法阻止兩岸經貿交流及世界經濟形勢所趨，制定新的「三不政策」，即採取「不接觸、不鼓勵、不干涉」的原則，對待對中國的轉口輸出，至此也默認兩岸間接貿易往來。台灣對外出口下降相對受到影響，出口貿易成長率從一九八六年的百分之二十九點七大幅下降到一九九○年的百分之一點三七，經濟嚴重衰退，人民投資意願低落，嚴重影響經濟成長，因此想藉由兩岸經貿交流，提升貿易出口成長，進一步對中國開放。

二、中國兩岸投資政策背景

一九七九年在結束十年「文革」動亂之後，中國共產黨十一屆三中全會制定改革開放和以經濟建設爲中心的戰略方針，爲了適應改革開放和以經濟建設爲中心的戰略需要，在一系列政策問題上進行重大調整，其中對台政策的轉變最引人注目。中國共產黨根據國際國內形勢發展變化，將對台政策由原來的「武力解放台灣」調整爲以「一國兩制」的方式實現「祖國」的和平與統一。

一九七九年中國全國人民代表大會常務委員會發表「告台灣同胞書」，首次提出台灣與中國實現和平統一的大政方針，並呼籲海峽兩岸通過談判，儘快實現通商、通郵、通航和兩岸人民正常往來。此後，鄧小平、葉劍英、鄧穎超、胡耀邦等在多種場合發表「一國兩制、和平統一、三通」的構想。爲推動和促進兩岸經貿交流，中國國家外貿部於一九七九年五月八日頒布「關於開展對台灣貿易的暫時規定」，一九八〇年六月，中國國家商業部又頒發「關於購買台灣產品的補充規定」，規定向台灣購買的日用品，如布料、電視機、電扇及自行車等，只要有台灣產證，則可免稅進口。台商購買中國貨品，不但優先供應，並享有八折以下優惠。

三、台灣對台商的「中國投資政策」

爲順應兩岸經貿發展，中國國民黨於一九八八年七月在「十三大」上制定「現階段大陸政策」，有選擇地開放中國農工原料進口，允許台商對中國進行間接貿易和投資。一九九〇年下半年，行政院制定「對大陸地區間接輸出貨品管理辦法」，主要內容有對大陸輸出的貨品，以不影響台灣的安全或經濟發展爲限。同年十月，又公布「對大陸地區從事間接投資或技術合作管理辦法」，其主要內容是以「正面表列」方式，明定不准直接投資，間接投資採取許可制；申請程序爲一百萬美元以下的投資可在事後半年內向經濟部報備，一百萬美元以上的投資項目必須事先向「經濟部」申請許可；開放間接投資的基本原則是不影響台灣安全的產業、不屬於高科技輸出管制的項目、不是由政府財政預算資助開發的技術、不會對台灣經濟造成衝擊的項目，於是明列十四項禁止赴中國投資或技術合作的產業項目。一九九〇年的開放措施標誌著兩岸間接經貿與合作在政策層面的格局已基本形成，因政策較開放的關係，台商對中國的投資也從一九九〇年開始有較大規模的發展。

一九九六年三月，經濟部公布兩岸的經貿白皮書，繼續放寬投資限制，適時擴大許可廠商間接赴中國投資領域，並就實行許可報備並行制、放寬中資企業來台、對大陸直接投資等方面進行研究。但是同年九月，基於各種原因，李登輝認爲中國大力提倡和推動兩岸經貿交流，是要對台灣進行以民逼官、以商圍政，因而要求台商在中國投資問題上「戒急用忍」。一九九七年七月十五日實施重新制定「企業對大陸地區投資審查辦法」，嚴格禁止台商在中國投資基礎設施或建設以及房地產、保險業等項目，並限制單一投資項目的金額不得超過五千萬美元，對股票上市公司赴中國投資實行「投資金額累退制」，即資產淨值越大的企業到中國投資累計金額比例越低。同時限制台塑、統一等大企業在中國的大型投資案，如台塑的「海滄計畫」、「漳州電廠」等。

四、中國對台商的投資政策

一九八七年台灣解嚴，解除人民出境限制，並允許經由第三地赴中國探親，兩岸經貿由此進入一個新的里程碑，爲了適應台灣開放人民赴中國探親的形式與發展，並推進兩岸經貿交流，中國國務院於一九八八年七月制定公布「關於鼓勵台灣同胞投資的規定」，該規定以法令形式爲台商到中國投資提供廣闊領域，歡迎台商到中國各省、自治區、直轄市和經濟特區投資。該規定：

1. 允許台商舉辦台灣投資者擁有全部資本的企業，或舉辦合資經營企業、合作經營企業。
2. 允許台商來中國開展補償貿易、原料加工裝配、合作生產。
3. 允許台商購買中國企業股票和債券。
4. 允許台商在中國購買房地產。

5.允許台商在中國依法取得土地使用權並開放經營。

一九八九年五月，中國在福建的福州、廈門杏林、海滄等地設立台商投資區，後又增設江蘇、上海、成都等地爲台商投資區。中國國務院又相繼批准「台商投資企業協會」，使台商之間和台商與當地政府之間有了即時溝通管道。一九九四年四月，由中國國務院主持召開首次全國對台經濟工作會議，江澤民、李鵬親自出席會議。

★台商在上海投資，胼手胝足、創業惟艱，爲彼此能照應，形成台商聚集區。圖爲台商聚集地——閔行區之嬰房廠房。

一九九四年三月五日，中國人民代表大會常委會通過「中華人民共和國台灣同胞投資保護法」。該法規定：

國家依法規定保護台灣同胞投資者的資產、投資收益、財產、權益繼承、轉讓和其他合法權益。台灣投資者可以用可自由兌換的貨幣、機器設備或其他實物、工業產權、非專利技術等作爲投資。台灣同胞投資者依法獲得投資收益，其他合法收益和清算後的資金，可以依法匯回台灣或者匯往境外。在台灣同胞投資企業集中的地區，可以依法成立台灣同胞投資企業協會，其合法權益受法律保護。

觀其保護法共十五條，其中第四條「國家對台灣同胞投資者的投資不實行國有化和徵收；在特殊情況下，根據社會公共利益的需要，對台灣同胞投資者投資可以依照法律程序實行徵收，並給予相應的補償」，令台商比較擔憂的是，什麼是特殊情況？什麼是根據社會公共利益的需要？徵收時給予相應的補償，在目前尚屬人治重於法治的新中國，是否只要一紙行政命令即可馬上「處理」，使衆多台商寢食難安。

五、台商在中國投資的發展階段

兩岸經貿交流從一九七九年開始，到今年已超過二十年，而台商對中國投資要比兩岸貿易交流起步晚，大體上從八〇年代末期開始具有一定規模的投資，經歷從小規模到數億美元的大規模投資；從個人單槍匹馬、單打獨鬥，到集體作戰、策略聯盟；從早期「暗通款曲」到現在「間接合法」，充滿曲折過程令台商爲之鼻酸！

台商從一九七九年對中國投資以來，在中國發展大體經歷四個階段：

◆一九七九～一九八六年的初探階段

一九七九年以前兩岸隔絕的局面，在中國改革開放以後有了歷史性突破，兩岸經貿交流有所發展。由於政府堅持「三不政策」，使得兩岸通商僅限於海上小額貿易和一些轉口貿易，台商在中國投資總計不到二千萬美元。

◆一九八七～一九九〇年的成長階段

一九八七年基於人道精神，政府開放人民赴中國探親，並放鬆對兩岸間接經貿活動的限制，這對兩岸經貿交流的發展起了推動作用。兩岸貿易總額從一九八六年的九．五七億美元增到一九九〇年的四十．四三億美元，其間年平均成長率爲百分之四十五點四七。其中一九八九年因中國發生「天安門民主運動」對台商產生不小震撼。除此外，台商在中國投資取得很大進展。至一九九〇年底，台商在中國的投資項目有一千六百四十三個，實際投資額爲二．二三億美元。

◆一九九一～一九九六年的高速發展階段

由於世界景氣好轉，中國改革開放進一步深化，台商在中國投資成長非常快速，僅一九九三年台商在中國投資額就超過一九七九～一九九二年的總和。此時期，台灣的大企業和高技術產業開始進入中國投資，大項目投資案明顯增多，投資房地產也十分熱絡，在科技交流和合作方面也開始起步，投資區域也由東南沿海向長江流域、北方發展。

◆一九九七～現在的平穩發展階段

由於李登輝「美國康乃爾之行」，引起中國極大反彈，台灣總統大選期間，中國對台灣近海實施導彈演習，造成「台海危機」，引起台灣人民的緊張與憤怒，李登輝更提出「戒急用忍」政策試圖對兩岸經貿降溫。由於政策使然，台灣許多大企業都採取「剎車」及觀望態度，莫不引頸企盼政府「大陸政策」早日鬆綁。民進黨執政後，「戒急用忍」稍有鬆綁跡象。

台商在中國投資的動機

台商看準了這個世界最大的市場板塊及誘人的投資環境，莫不磨刀霍霍以最快的速度切入中國。然而最早進入中國的台商不是在前線「陣亡」便是撤回台灣，他們到中國投資並非是眞正的去從事企業經營，許多是在台灣經商失敗，到中國尋求新樂園；有的是道上兄弟，在台灣混不下去，到中國「漂白」幹起不三不四的行業，由於資金不足、無經營經驗，或只想撈一票就走的心態，且戰且走終必鎩羽而歸。但這只是一部分而已，不能「一竿子打翻一船人」，大多數台商還是本著生意人的動機前往中國找尋商機。

概括地說，台商之所以熱衷於去中國進行投資活動，一來是爲了中國有較低的生產成本優勢，二來是看上中國巨大的市場潛力。誠如當年可口可樂赴中國投資時評估，中國十億人口，一人一天只要喝一瓶可口可樂，一天就可賣十億瓶。的確，中國市場處處充滿商機，但也時時存在危機，台商如果不戒愼恐懼，時時抱持「如臨深淵、如履薄冰」的態度來經營事業，將很難成功。

台商在中國投資的動機，約略可分以下幾種：

一、中國廉價勞動力與龐大商機

大部分台資企業，尤其是九〇年代以後進入中國的台資企業，是利用大陸廉價的勞動力與龐大市場商機兩者同時考量而切入的。例如，台灣企業在中國投資設廠規模最大的統一企業集團，自一九九〇年到中國投資以來，充分利用中國的廉價勞動力，在十六個省市投資建廠，實際投資金額達八億美元，其名聲也隨著統一方便麵深入中國百姓的日常生活中。統一在中國生產的商品，除新疆番茄醬外銷外，其餘皆爲食品及包裝材料，且都是以內銷爲主，在中國的食品市場上佔有一個較大比例。據一九九八年八月份《中國經濟信息》統計全中國連鎖店三十種重點商品銷售排行榜，在果蔬飲料方面，統一佔有百分之二十七點七三的市場；在方便麵市場、統一與康師傅分居第二、一名，兩者合計佔有百分之六十六點零八的比例。爲在中國的食品市場上穩紮穩打逐步擴張，採取分階段投資的策略，在各個廠區皆預留擴展空間，準備視市場需求進一步擴充。統一欲以發展中國市場、擴充實力以爭取世界食品盟主寶座，更積極部署，在台灣已開店二千五百家的7-ELEVEN，進軍中國的流通市場，該集團更準備在中國的啤酒市場一展身手，除與日本伊滕忠商社、香港粵海集團合作在寧波設立麥芽廠，生產啤酒原料外，還與日本麒麟啤酒公司簽約代理在中國的銷售，與美國AB公司及中國三方合資生產百威啤酒，成爲第一家進軍中國啤酒市場的台資企業。看來高清愿要在人口六十倍於台灣的中國市場，創造六十倍於今日統一規模的事業，應該不遠了。

又例如，聲寶公司早在一九八七年在台灣的營業額就已達一百億元新台幣，成爲台灣最大的家電出產廠商之一，受限於台灣市場的狹小，影響企業發展，正是出於突破市場侷限的願望，聲寶於一九九二年進入中國市場。面對當時外資、台資在中國投資的競爭已相當激烈的情形，聲寶採取與衆不同的「北方策略」，即直接進入京、津地區投資，而不是先在南方沿海地區投資，於一九九三年相繼在天津、北京與當地合資成立「天津新寶天洋家電公司」、「天津新洋電器公司」和「北京新寶電器公司」，生產洗衣機、微波爐、電熱水瓶等家用電器。此後，又南下在廣東東莞建立新寶電機公司和在江蘇蘇州成立新寶電機公司，生產傳眞機、無線電話機、監視器、變壓器、電視衛星接收器、彩電等。

在廣泛開拓大量市場的同時，「聲寶」看到中國有豐富而相對廉價的人力支援，因此不需刻意維持台灣的管理模式，而應強調合理、效率、人性，儘量培養和提拔當地優秀人才，充分利用當地人力資源，使人才逐漸當地化。目前聲寶已成爲擁有十幾個公司的企業集團，營業額達到三百多億元台幣。該集團期待以中國作爲行銷全球的生產基地，建立中國人的全球性家用電器企業，爭取在未來十年內達到營業額超過千億元台幣的目標。

二、台灣不准而中國可行的行業

台灣電子遊戲機（電動玩具）自六〇年代以來，政策一直搖擺不定，究竟是要輔導步入正軌，還是嚴格取締？政府也曾放洋到過日本、美國考察，但都無疾而終。自一九九六年四月一日發生「周人蔘案」起，台灣電動玩具業終於不見天日，不管是親子遊戲、有獎無獎，通通一竿子把它打翻。直接從事電子遊戲機行業的人約有五萬人，間接及周邊業者、靠這產業「吃飯」的，約有二十萬人，從此過著顛沛流離、到處游牧的生活。

早在「周案」發生前，業者便已陸陸續續到中國投資，由於台灣政策不確定，業者無所適從，適此中國明確的法令，提供投資的優惠政策，給予業者有生存空間，到一九九五年前約有五百家進入中國，熱門投資地點約在海口、廣州、汕頭、福州、溫州、武漢、西安、瀋陽、大連、青島，以上地點大部分以開遊樂場爲主；廠商集中在番禺、上海、中山、武漢等地，尤其是番禺更是生產廠商的大本營，迎賓路上，聚集上百家同行，馬路兩邊，門頭招牌，琳瑯滿目，例如，三富集團、大亞集團、蒂特、華隆集團、大東電子……。一九九六～一九九九年，廠商約增加到一千家以上，自「周案」發生後，除直接業者無法在台灣生存外，連周邊廠商也整廠外移中國。例如，生產壓克力工廠，客戶都到中國，勢必隨客戶就近方便爲主，如木箱工廠亦復如此。生產高科技的廠商，如PC板、IC零組件亦不得不外移以就近配合。早期中國遊戲機市場跟台灣三十年前一樣，既落後又單調，近十年來，台商帶進新的技術、新的經營方法，漸漸融入當地文化，與當地業者分庭抗禮，形成競爭局面。基本上開發技術掌握在台商手中，零組件加工及組裝代工委由當地業者處理。港商也集中在番禺，比較有名的如港龍、華麗等。日本廠商如SEGA（世雅）則在汕頭與台灣憶華合作設廠生產遊戲機；NAMCO（南夢宮）除在上海設廠生產外，在上海、大連、北京等地開大型遊樂場，人聲鼎沸，門庭若市，收益頗豐。台灣最大遊戲機集團——湯姆熊在上海、廣州、大連開放親子遊樂場，適宜全家同樂，以機器吐彩票換獎品的方式經營；有獎遊戲機業者如華隆、三富、大亞、千奇在中國各地都有辦事處，從早期的海口、福州、廈門、武漢，到現在西安、溫州、北京、鞍山、瀋陽等地。中國幅員遼闊，各省、市、自治區對遊戲機的認定標準不一，有獎遊戲機的經營猶如游牧民族逐水草而居，哪個城市開放，便將遊戲機遷移過去，經營非常辛苦。中國地廣人稠、人心不一，台商目前都採集團化經營、集體作戰方式，信息聯絡、互通有無、南北連成一氣。

千奇集團現分布在中國各地的業務員約有上百人，華隆也不遑相讓，台灣電動「四大天王」的樂神公司及大東公司，根據地在瀋陽、上海等地，經營方式除代理日本新式機器外，兼營開發生產、開設遊樂場。目前在各大百貨公司開設遊樂場的電玩機種包括嘉年華、兒童騎乘類、趣味抓獎機及虛擬實境電子遊樂機，中獎以出彩票、累積張數到櫃檯換取獎品的方式，滿足了廣大的青少年好奇好玩的心理，連上班族也爲之著迷不已。其中，現場感十足的賽車類電玩，更是令人十分風靡。在百貨公司的消費客層中，除原有的青少年佔百分之三十以外，上班族及家庭各佔百分之二十五，顯示它已成功營造出一個適合全家人遊樂、休閒的場所。儘管近一、兩年中國受洪澇及東亞經濟危機的影響，景氣不好，但「計畫生育」一胎化的嚴格執行，中國家庭對於「龍子」、「龍女」的要求，有求必應，自然新鮮、稀奇、噱頭十足的遊戲機，必能吸引他們的目光。目前廣州市民每月的所得約一千二百元人民幣，換算台幣約四千三百二十元，上海與北京約一千元人民幣，大連約八百元人民幣。以大連在勝利廣場開設的南夢宮遊樂場爲例，投資金額約台幣四千萬元，每天平均營收約五萬元人民幣，扣除抽成、人事管銷、更新機種，約需一年回本。如在各地經營的大型有獎機台，則平均六個月回收一個資本額。經營親子遊樂場投資大、回收較慢、市場穩定；經營大型有獎機台，投資小、回收快、市場充滿不確定性，期間利弊得失，自然由經營者去思考。

三、擴展中國市場追求最高利益

有一部分台商去中國時所偏重的是中國的廣闊市場，其主要目標就是透過中國拓展其所需要的市場，而實現利潤及效益最大化。

例如，卜蜂集團曾以泰國華僑企業名義，於一九七九年就進入中國投資，第一個投資項目是與美商合資在深圳經營飼料業。目前，卜蜂集團在中國的投資已遍布各省、市、自治區，投資行業也從飼料業擴展到房地產、速食、啤酒、電線電纜、保健食品等。但卜蜂集團的第一大產業是飼料業，因它看中中國飼料市場的發展潛力，尤其是中西部如四川、湖南、湖北等地。卜蜂的投資重點選在大城市的周圍，採用與當地管理飼料、畜牧的政府單位合資建廠的形式發展自己。在銷售方面，該集團採取當地產銷的原則，早期的銷售，主要是透過當地的農牧局等有關單位進行，現在則大多爲透過個體戶（私人企業）來培養中間商，一些直銷的大客戶也逐漸形成，由於中國國營企業績效不彰，故卜蜂逐漸將經銷點轉移到比較有積極性的私營企業身上。

同樣是爲拓展產品市場去中國投資的華新麗華公司，主要生產各類電線電纜。一九九三年華新麗華公司透過香港、英屬維京群島轉投資中國，先後在中國建立八家合資公司，投資金額累計已達六千八百萬美元，還在不斷增加中，投資地點集中在上海、江蘇、武漢、杭州等長江流域省市的經濟或高、新技術開發區，產品均爲各類電線電纜。

長榮海運公司是全世界最大的貨櫃海運集團，擁有各型貨櫃船五十多艘，貨櫃總承載量約十萬TEU（二十呎標準貨櫃），每年營業額約爲三百億台幣，因中國進出口貿易增長迅速、海運量劇增的吸引，長榮海運公司於一九九三年開始到中國投資考察，相中上海、寧波、青島作爲投資場地，於一九九五年以巴拿馬永華投資公司的名義相繼與上海、寧波、青島合資成立「上海長榮集裝箱貨運有限公司」、「寧波長勝貨櫃有限公司」和「青島長榮集裝箱儲運有限公司」，投資金額約二千萬美元，經營貨櫃場、運輸、設備租賃等業務。在與中國合資過程中，「長榮」中國負責人認爲許多台商抱怨最多的經營、人事和財務問題，對於「長榮」來說，問題很小，不像一般中小企業，目前還算順利。他強調「作爲國際性很強的海運企業，台北的總公司本來就是以全球作爲經營對象，中國的子公司與其他設在歐美的分公司一樣，並無困難、特別之處」。長榮對中國的市場抱有高度的興趣與期望，不僅要在中國經營海運業務，而且意識到中國幅員遼闊，已具備發展鐵路、公路、內河、海運及空運的優越條件，因此新的投資計畫正與中國有關方面洽談，期望能將長榮在中國的業務由沿海向內地延伸，形成海陸聯運網路，假以時日，再搭配空中事業的發展，陸、海、空三軍登陸的最後目標。

奧美公司是一家從事廣告、公關、設計、促銷，替客戶建立資料庫，加以分析，藉以擬定行銷策略及重點的直效行銷及全方位經營的傳播公司。奧美公司在一九九七年世界廣告公司中排行前十名，稅前利潤是八・三八四億美元，在中國營業額排第四名，爲六・二五六一億人民幣。在中國改革開放初期，就已透過香港開始在中國的廣告代理業務，除替中國企業在海外設計宣傳廣告外，也爲在中國投資的外資企業做廣告業務，一九八六年及一九八八年分別在北京和上海設立分公司。目前奧美又增加廣州分公司，除北京分公司是獨資外，其他兩家均與上海廣告公司合資經營。爲了迎接中國廣告市場競爭日趨激烈的形勢，奧美規劃自一九九六年起在成都、瀋陽、武漢、福州等地籌設據點，以期將廣告業務覆蓋整個中國。此外，爲擴展業務範圍，於一九九五年三月在北京、上海成立公關公司，替客戶進行行銷、服務、企業形象、危機處理、財務規劃等業務，以期朝全方位傳播服務邁進。

★上海是中國最大的城市，也是台商人數最多的地方之一，台商從事的行業五花八門，圖後爲上海太平洋百貨公司。

在台灣經營百貨業多年的太平洋建設公司，於一九九三年先後在上海和成都開設上海太平洋百貨和成都商廈太平洋百貨公司。一九九五年，在中國的外資百貨一片虧損下，太平洋建設在上海和成都的經營業績都還不錯。上海店的營業面積擴充近百分之七十，一九九六年營業額成長百分之六十五，達到八千萬美元；成都也在一九九六年營業額達五千萬美元，較一九九五年成長百分之七十，一九九五年太平洋百貨在上海和成都的投資收益約二百萬美元，一九九六年的投資收益比一九九五年增加近一千萬美元。

大連的勝利廣場，是目前除日本外，亞洲最大的地下商城，營業面積有十四萬平方公尺，總投資金額二億美元，是台灣國信集團總裁蔡辰男在中國最大的投資案，也是台商在中國最大的定點投資項目，從一九九三年動工到一九九八年四月三十日第一期開業，耗時五年，預計在全面開業的第一年要達到三千四百萬美元租金和營業收入的目標，一九九八年開幕後適逢中國發生有史以來最大的洪澇水災，全中國據估計損失一千億人民幣以上，加上東南亞經濟危機的影響，年度結算只能達到一半的目標。

從以上所舉台商去中國投資的個案可以看出，台商對中國市場的介入已經非常廣泛而深入，幾乎中國經濟生活的各方面都有台商的影子。

四、作爲外銷市場的生產基地

還有不少台商去中國投資除了廉價勞力、龐大的內需市場外，還有就是作爲外銷市場的基地。例如，一年有四千五百萬輛自行車的中國市場，是台灣巨大機械公司前進中國的原因之一，而且中國土地、勞工易於取得，形成巨大的投資磁場，加上客戶主動或被動地將外銷訂單轉到中國生產，使得「巨大」不得不加快腳步，趕緊赴中國設廠。一九九三年十一月，巨大在崑山開發區投資近三千萬美元的捷安特（中國）公司正式落成，十二月，捷安特第一家直營專賣店在上海開幕，南京、蘇州、無錫、常州緊隨著開張。緊接著巨大與中國自行車的「領頭羊」——鳳凰自行車的合資案正式敲槌定案，兩岸自行車巨人將攜手吃下中國龐大市場並努力拓展外銷。巨大的行銷策略採市場分工、各司其職的相互運用。台灣除內外銷，仍以歐盟爲主要市場，崑山廠一半內銷中國市場，一半外銷美、日等國，而巨鳳公司則是內銷中國和亞太地區各一半的市場。捷安特的中國通路策略，採用直營專賣、加盟與經銷三軌並行的方式，交叉運作，這是巨大在全球行銷策略中首度採用的方法，在中國是項創舉。

五、為了獲取生產成本優勢

還有許多台資企業去中國投資的目標純粹是為了獲取生產成本優勢，這主要是一些勞力密集型的中小企業，其產業活動從八〇年代初期，就受到台灣人力成本和環保成本上升的擠壓，而把中國廉價勞力和當時對環境保護尚不夠重視，當作轉移其耗能污染都比較大的勞力密集型企業，繼續實現其營利目標的大好時機。

例如，與台灣許多製鞋同行一樣，協明鞋業公司在面臨台灣勞力短缺、工資高漲、他國鞋業製品低價競爭的壓力下，於一九九〇年到中國深圳投資建廠。一九九四年協明關閉了台灣的生產線，只留下接單、打樣與研發採購等業務在台灣，整個企業的生產部分已移至中國。在經營型態上，協明公司借原料加工之名，行獨資經營之實，經營和管理全都自行負責，目前協明公司在深圳的企業有近一千人，其中台灣幹部三至四名，協明的產品百分之百外銷，其中銷往歐洲的部分約佔百分之三十，中東地區約佔百分之三十，其餘則銷往獨立國協（前蘇聯），爲突破出口配額限制，協明與美國洛杉磯一家進出口商合作，自中國將半成品運到美國製成成品，以美國製成品的名目在美國或轉運他國行銷。

目前，由於中國生產成本逐年提高，生產利潤已由前幾年的百分之二十五下降至百分之五，協明考慮將到生產成本更低的東南亞國家去延續企業生命。從協明公司的情況可以看到，像製鞋、成衣、製傘等這樣的行業在中國的經營已面臨成本逐漸升高和利潤下降的趨勢。毫無疑問，隨著中國經濟發展、人民水準不斷地提高，勞動力密集型中小企業在中國的投資願景逐漸暗淡。概括地說，勞動密集型中小台資企業是以追求成本優勢爲主，製成品大多外銷，如製鞋、成衣、製傘等行業；而大型台資企業及從事服務業的台資企業則更看中中國的市場，因爲台商追求的是國際化發展戰略。

台商在中國投資的產業結構

台商在中國的投資在產業結構、區域分布、投資規模、時間先後以及企業大小方面都具有一些不同的特性。

台商投資的產業結構特性是：中國三大產業皆有投資，但以第二產業爲主，而在第二產業中又以製造業爲主。據「北京市台資企業調查研究報告」，截至一九九五年十月，台灣在中國的投資中製造業佔百分之八十，其中又以電子業、電器業、食品業、飲料業、塑膠製品業、基本金屬業、化學品業和精密機械業爲主要行業，佔製造業總投資的百分之五十九。

一、台灣對台商投資中國的統計數字偏低的原因

台灣對台商在中國投資金額的統計數據偏低，主要有以下幾個因素：（一）部分台商基於某種原因，繞開上級審核部門，從海外分支機構或以第三國名義投資，這種現象在八〇年代較爲普遍；（二）台商在已投資地區進行增資，沒有向經濟部投審會申報，造成投資地的有關統計與台灣的統計數據差異很大，這種情況不限於中國的投資，台商在東南亞的投資也同樣存在投資地與台灣兩者統計相差很大的情況。顯然，台灣有關方面的統計，無法正確地反映台商在中國投資的實際情況。

雖然台灣有關方面對台商在中國投資額的統計數據偏低，但它對投資產業別比例的統計與實際情況出入不會太大，這可從中國方面的有關統計數字中可以得到印證，例如，台商在北京的投資中製造業就佔了百分之六十，投資規模較大的相對集中在食品、塑膠製品、機械設備和配件等行業。在北京這樣政治、文化的大都市投資，製造業比重都達到百分之六十，在以工業爲主的其他地區，製造業投資比重高達百分之八

十，是可以想見的。

在這些迫於成本壓力不斷增大而到中國投資的企業中，大多數又是勞力密集的中小企業，這又衍生出台商在中國投資項目規模偏小的另一特性，據中國的統計，台商在中國投資平均項目規模從一九八三～一九九六年爲九十三．二七萬美元。不過，自九○年代以來，中國爲促使經濟的進一步國際化和市場化，逐漸開放國內市場和投資領域，使台商投資動機開始由利用中國廉價資源加工出口，向開拓內銷市場轉化；投資主體由以中小企業爲主向大企業轉變，隨著這兩個轉變而來的就是投資項目規模出現大型化的變化。目前，在長江三角洲地區投資超過一千萬美元的台資企業已有四百多家，投資達一億美元以上的台資項目已有十多個，台灣前一百大企業已有三十多家在江蘇投資，有二十六家在上海投資。據中國統計，台商在上海、浙江的投資平均項目規模高於廣東和福建。至一九九六年六月，台灣三百五十八家股票上市公司中，已有八十三家在中國投資，投資件數超過二百件，投資金額約達十四億美元，平均項目投資約七百萬美元，投資產業包括水泥、食品、電子、化工、塑膠、玻璃、陶瓷、鋼鐵、機電、運輸、百貨、貿易等十七個領域。已在中國投資的八十三家股票上市公司中，投資最多的前十家公司分別是統一、台玻、正新、寶成、福懋、華新、聲寶、統一實業、中紡和建大，這十家公司的投資額平均約一億美元以上。

二、台商投資中國的區域分布

九〇年代以前，台商在中國的投資主要集中在閩、粵兩省，這和閩、粵兩省與台灣的地緣和人緣，以及閩、粵兩省處於中國改革開放前沿等

★大連市街講求美化、乾淨，跨國企業與餐飲連鎖店相繼進駐，圖爲火車站旁人行徒步區。

因素不無關係。閩、粵兩省由於地處東南邊陲及歷史緣故，本身工業基礎較弱，又不處於中國經濟中心地帶，大規模投資的誘因不如長江流域充分，故台商早期在閩、粵兩省以「三來一補」的出口加工企業較多，投資主體大多是中小企業，投資項目規模相對較小，自九○年代尤其是鄧小平南巡講話之後，隨著中國改革開放腳步的進一步深化，台商在中國的投資規模逐漸增大，並開始向長江三角洲、北方和東北擴展，投資重心逐漸從東南沿海移向長江三角洲地區（蘇、滬、浙三省市），及環渤海灣區（魯、津、冀、遼四省市）。

目前，長江三角洲地區累積批准的台商投資項目有一萬一千個，協議金額達一百六十四．○五億美元，分別約佔中國批准台商投資項目和協議金額總數的三分之一和二分之一多。從投資項目規模來看，台商在長江三角洲地區的投資，平均項目規模高於全年平均水準達一百四十八．五萬美元，這其中有著經濟地理差異和時間因素的原因。長江流域地區地處中國經濟的中心地帶，具有悠久歷史的工業基礎和較爲便利的交通和通訊條件，加上九○年代初實施的上海浦東開發計畫，帶動著該地區經濟發展進入一個較高的發展點。

台商在中國投資的形式，隨著時間的推移而有所不同。從台資在中國營運的性質來看，台商的投資不外乎獨資、合資、三來一補等幾種形式，其中合資和三來一補曾經是最主要的台資營運形式，而現在獨資的台資企業則越來越多。總體而言，合資的方式又可以是以下幾種形式中的一種或多種組合：（一）投入資金、設備和中國原有同類廠合資，擴大中國原有廠的產量及銷售量；（二）台商以設備與中國的土地、廠房合資，新建企業，生產新產品；（三）將台灣的中古設備抵價，運往大陸工廠。

從台商進入中國的途徑來看，在初期，投資項目無論大小，多數是以透過第三地的間接投資爲主要形式，以後隨著台灣對中國政策的演變，中小規模的投資項目經過審批可以直接進行，但較大規模的投資仍然以間接形式爲主。然而多數台商爲兩岸投資合作扮演「推手」的角色，此一角色是任何外資不可取代的。

台商對中國的投資，促進中國經濟繁榮，人民生活水準提高，相對地，台商所憂心的勞工、市場也得到解決。但台商最重要的支持力量便是台灣的「大陸政策」，政策一天不鬆綁，台商很難放膽西進，雖然兩岸在經貿問題上已經取得多項進展，但是毋庸諱言，在兩岸的投資合作過程中，也存在不少的問題，阻礙兩岸投資合作的進一步發展。

三、台商投資中國所創造的經濟效益

由於台商對中國的投資帶入大量技術及資金，使得產業形式由垂直分工進展到水平整合的相互依存關係。到一九九六年，台商對中國實際投資額達一百五十一億美元，台商在中國的實際投資額佔中國資本形成額的百分之一點二五，佔中國利用外資額的百分之八點四，在中國的境外投資中排列第二，僅次於香港。在台商赴中國投資迅速成長的帶動下，兩岸貿易也發展很快，兩岸貿易額累計達九百六十六億美元，其中台灣持有貿易順差累積達到六百七十億美元，中國已成爲台灣第一大貿易順差來源地。一九九六年，兩岸貿易額達到一百八十九．八億美元，台灣對兩岸貿易的依存度達百分之八點六九，中國已成爲台灣第四大貿易伙伴；台灣對中國的出口依存度達百分之十四，中國已是台灣第二大出口市場。

台商持續前往中國投資，對所到地區的經濟發展發揮了一定的積極作用，對某些局部地區的發展甚至具有舉足輕重的影響，台商投資對中國的貢獻有：

1. 爲中國創造一些就業機會，如果以每家台資企業平均僱用二百名工人計算，在中國的台資企業所提供的就業機會達六千萬個之多。
2. 台資企業每年所繳納的稅金，對其所在地的財政收入具有一定貢獻。
3. 台資企業所帶去的技術和經營管理經驗，對中國的產業升級、企業管理的現代化，以及出口市場的拓展，具有指標作用。

台灣自八〇年代中期進行產業升級以來，大量的傳統勞動密集型產業由於喪失競爭優勢而被淘汰出局，但這些勞動密集型產業廠商並未因此倒閉，而是轉向海外投資尋求企業「第二春」，其中大量地轉向中國投資。台商利用中國勞動力成本較低的優勢得以繼續發展，並且許多還獲得了較高的投資回報。

大批勞力密集產業轉移到中國，對台灣經濟結構也發生一些影響，諸如：使台灣爲促進產業升級所進行的資源重新分配或結構調整得以順利進行；在台灣被淘汰產業的廠商，轉移到中國，使損失降到最低，同時企業得以繼續存在和發展；由於大量企業到中國投資推動台灣對中國生產設備和原料的出口，使台灣獲得巨額的貿易順差。

近十年來，台商對中國的投資成長很快，一九八九～一九九六年的年平均成長率高達百分之一百三十四點九九。大多數台商到中國投資是以轉移勞動密集型產業爲主，近幾年來，大型企業前往中國投資有明顯增加的趨勢，且由勞力密集型的產業轉向資金、技術密集型。中國經過近二十年的改革開放，工業結構也有些轉變，結構性產業的逆向調整已基本完成其使命，多數民生用品已由原來的短缺轉變爲供過於求的過剩經濟。輕工業的發展已不能只靠擴張經濟規模手段來實現，而要由產業升級與產品更新來推動。目前，海峽兩岸正面臨周邊國家的挑戰，鄰近國家形成兩種挑戰力量對兩岸形成衝擊：一種是以新加坡、韓國爲首的技術挑戰，這兩國正以其強勁的高科技研發和產業蠶食著新興市場，對我們形成很大壓力，另一種是以東南亞和南亞國家爲代表的成本優勢挑戰，他們正以充裕和低廉的勞力在勞動力密集型產品市場擠壓我們，迫使我們不能不考慮改換跑道的產業升級問題。再者，兩岸的技術獨創性開發能力還很欠缺，很多關鍵性技術仍主要來自引進、模仿和改良發達國家的研發成果。只有加速改進現有產業技術及發展高科技產業，才能化解來自這些挑戰的壓力，儘快跟上世界已開發國家（如美、日、德）的腳步。

台商在中國的投資現況及盈虧

過去四十年來，台灣產業歷經戰後恢復、進口替代、出口擴張以及兩次能源危機，隨著經濟起飛，以OEM起步的台灣企業，累積相當的技術與資本，自八〇年代開始，隨著新台幣的大幅升值、工資及土地成本高漲、低成本資源的優勢逐漸喪失，產業環境發生劇烈變化。台商以各種形式進入中國市場，成功地將「台灣經驗」移轉彼岸。衣錦榮歸的台商固然可數，但因環境迥異而調適不良、鎩羽而歸的也不在少數。台商赴中國投資動機不外乎生產成本優勢和中國龐大市場商機，茲就下列多家台商在中國企業的投資時間、過程、目前現況及盈虧作一說明：

一、頂新集團

「康師傅」在一九九二年底以一支拜年的廣告，讓中國中央電視台的收視率高達九成，更快速擄獲中國人民的心，從此康師傅方便麵（速食麵）紅遍神州。那支廣告的內容：頂新集團當時的副董事長魏應行走在前往辦公室的路上，旁白適時出現字正腔圓的聲音：「魏先生，您來北京還習慣嗎？」魏應行也以特別學來的北京腔回應：「行，很多人關心我。」最後，他祝大家：「身體頂好，功課頂好。」

「康師傅」的招牌比頂新還響亮，堪稱是最近八年最被中國廣大消費者耳熟能詳的品牌。自一九九二年投產，三年間營業額成長高達六十六倍，成爲中國速食麵的領導品牌。頂新國際集團的成功不僅使其經營策略成爲外資企業進軍中國的典範，同時也說明中型公司順應國際投資機會，在中國創造國際級大企業的可能性。

一九五八年頂新實業以工業用油脂及農畜肥料產品製造在台灣彰化起家，八八年起積極對海外投資部署，九〇年代開始進軍中國油脂及食品相關市場。一九九二年八月「康師傅方便麵」投產後，一上市即以「高品質、鮮口味、合理價」的市場定位引起搶購風潮。一九九六年以「頂益控股公司」的名義，每股以一．六八港元在香港聯交所掛牌上市，當年並創下八千一百二十三萬美元的稅後淨利，將整個頂新集團的事業推到最高峰。目前，頂新在中國建廠四十二家，一百多家營業所，總資產達十一億美元，根據中國國內貿易部商業信息中心發布的一九九七年全國食品日用品千店監測的結果，「康師傅」僅次於「可口可樂」及洗髮精「飄柔」，名列第三。

頂新除了擴廠生產外，在中國市場共有一千四百五十個一級經銷商、十二個城市的生產基地，中國市場佔有率第一，佔有中國方便麵市場的百分之三十，一年銷售最好的時候達到五十億包。隨著魏家四兄弟積極擴張版圖，從方便麵跨足飲料、油脂、米果、餅乾、礦泉水等，乃至於最新的投資項目「德克士炸雞」等。

由於中國方便麵市場競爭過於激烈，廠商都在削價競爭，中國消費市場不振，以及頂新轉投資味全的財務拖累，中國第一品牌的「康師傅」方便麵，創業十一年以來，一九九九年首度出現虧損，年度虧損達四百四十三萬六千美元。爲挽救財務危機，頂新集團先後跟美國金寶湯集團以及台灣統一企業集團談判出售頂新控股公司頂益股權事宜。於二〇〇〇年六月十六日將頂益百分之三十三點一四的股權賣給在日本國內第一大袋麵廠的三洋食品。由於統一購併頂新股權的失敗，兩岸方便麵雙雄在中國競爭將趨激烈，日商透過台資企業正積極切入中國市場。在這次股權轉讓中，頂新集團董事長魏應州扮演著相當重要的角色。

魏應州，彰化永靖人，是頂新集團的靈魂人物，也是魏家四兄弟當中，唯一沒有在味全公司掛名擔任董事的。人稱「大董」的魏應州扮演運籌帷幄的軍師，坐鎮天津總部指揮大局，魏家四兄弟的老四頂新副董魏應行則負責衝鋒陷陣，一九九九年入主台灣上市公司味全，就是魏應行的點子。

頂新靠著「康師傅方便麵」壯大，但是在中國卻遭遇來自世界各地食品大廠的挑戰，尤其是與台灣統一企業在方便麵市場的流血戰，更讓頂新控股的香港上市公司頂益首度出現虧損。雖然頂新已安然度過財務困境，而如何在競爭激烈的市場立於不敗之地，魏應州陷入長考！

二、統一企業集團

統一集團總裁高清愿預估，希望在二、三十年間，在人口六十倍於台灣的中國市場，創造六十倍於今日統一規模的事業。

統一集團從一九九二年在中國北京簽下第一張投資合約書以來，迄今為止，在中國的總投資金額達十億美元，是台灣上市公司在中國投資規模最大的一家。生產據點遍布北京、上海、天津、武漢、成都、廣州、瀋陽等，共計擁有十三個總產區，迄於二〇〇〇年底將進一步擴增到十五個廠。統一集團進軍中國八年以來，一直處於虧損狀態，加上李登輝的「戒急用忍」政策，使得具有中國國民黨中常委身分的高清愿，在中國的事業拓展相當低調。

台灣統一企業以「立足台灣，放眼中國，胸懷世界」的國際理念，積極向海外拓展生產據點。一九八八年起開始對中國進行考察，一九九二年五月正式在天津開發區獨資設廠，成為在中國的蓄電池生產據點。九三年初，北京統一的方便麵正式生產。同年秋天，新疆統一投入生產番茄醬、芒果汁、咖啡等飲料。一九九四年，天津麵粉廠及武漢、成都、崑山的綜合食品廠，同步完工生產。在中國的統一集團，不管在哪個廠，會客室裡一定是高懸著高清愿與江澤民的合照，以示長期深耕中國的決心。

目前，天津統一電池的使用客戶包括天津夏利、大發、瀋陽金杯、昆明茶花及雲南藍箭等汽車廠，以及天津本田、濟南輕騎與重慶雅馬哈（山葉）等機車廠。上海飼料廠是統一最艱苦的一家，無法提高價格，成本高、價格低、沒有利潤，在市場上也落後於卜蜂公司所屬的正大集團。在速食麵市場則有很好斬獲。

在中國，「康師傅方便麵」的市場佔有率一直雄踞冠軍寶座，但第二名的統一企業打敗印尼林紹良集團的「營多麵」之後，卻急起直追，已急速竄升，對康師傅構成不小威脅。統一採低價競爭策略，成功提高佔有率達百分之十二到十五。

二〇〇〇年頂新及統一在中國的投資都虧損。頂新虧損的原因是，速食麵獲利衰退。統一在中國的投資，二〇〇〇年速食麵已出現獲利，但因飲料事業及大宗穀物部分虧損，侵蝕麵廠的獲利。二〇〇〇年統一在中國的營業額估計可達人民幣三十一億，本業營業獲利目標爲人民幣三千萬元。

三、燦坤集團

縱使明天地球會毀滅，燦坤依然會種下兩顆葡萄：一顆是「研究開發」，另一顆是「教育訓練」，這就是燦坤集團的座右銘。

燦坤集團是一家位於台灣台南保安工業區內專門生產中低價位家電產品的工廠。一九八五年，集團總裁吳燦坤偶然地和朋友從新加坡繞道中國旅行考察，八七年即在中國福建、廈門投資，是最早的台商之一。從材料加工、自設壓鑄、塑件成型，進一步設立整機裝配工廠，利用中國的科技人才、廉價勞力與土地成本，使得燦坤得到實質成長。九三年六月三十日，廈門燦坤以B股在深圳證券交易所掛牌，成爲第一家在中國股票上市的台商獨資企業。九四年成立上海燦坤，生產一系列小型馬達類家電，如微波爐、電子鍋等。廈門燦坤以外銷爲主，上海燦坤主攻中國市場，並以「燦坤，優柏電器」自創品牌，在中國市場佔有一定比例。

目前燦坤在中國有兩大體系，一個是以廈門爲首的生產工廠，另一個是以上海爲先鋒的內銷市場總部。燦坤在中國連續七年虧損，直到九四年營業額六千六百五十八萬美元，才轉虧爲盈。

未來中國人才訓練的目標，燦坤在其「大亞洲計畫」下一階段南向東南亞發展的規劃中，提出「一個台灣人加上十個大陸幹部，再配上一千個越南勞工」的人力組合方式。燦坤的全球策略是要走向多基地化、無國界經營；分工方式是：美、日與瑞士的設計，大陸的智識勞力，台灣的全球中間站負責後勤支援及模具開發。

領導燦坤的首腦人物吳燦坤，以本人之名爲公司之名，於一九八七年台灣還未對中國投資開放之前，和太太買了貝里斯護照，去廈門投資。又怕因此回不了台灣，夫妻倆幾次相擁痛哭。五年後，廈門燦坤成爲第一家在中國股票上市的台商。九九年爲迎接「後ＰＣ時代」來臨，燦坤將研發家電產品，同時發展電子商務，以搶搭網路商機列車，並開設３Ｃ量販店，達成企業成功轉型的目標。二〇〇一年元月，台灣政府開放金馬小三通，燦坤爲節省交通費，更將員工入籍金門，引發人口遷居設籍風潮。

四、寶成集團裕元工業

由台灣寶成集團轉投資的裕元公司於一九八七年成立於香港，八八年珠海裕元設廠，八九年三月與東莞市簽訂原料加工合同，正式於東莞設立鞋廠，九二年更於中山市設立新廠，奠定中國最大鞋廠的基礎。寶成集團目前在中國、印尼、越南和台灣，擁有一百八十幾條運動鞋、便服鞋及戶外鞋生產線，年產量超過八千萬雙，其中裕元工業二〇〇〇年便服鞋及戶外鞋產量已達一千四百萬雙，較一九九九年成長百分之三十九，佔全世界市場百分之十的佔有率，是世界最大的鞋業生產集團。

九二年七月爲因應擴張所需、兩岸關係及國際化，在香港上市股票。九七年亞洲金融風暴後，部分大型鞋廠都已因財務困境而停止營業或倒閉。寶成集團營運逆勢上揚，健全的體質及營運能力更獲客戶青睞。寶成以本業投資爲主，一九九七年進軍越南，最近美國給予越南最惠國待遇，寶成將快速增加在越南的生產線。

寶成集團最近多角化積極轉投資，從參與工業銀行的籌設、香港投資的裕元公司購併維冠科技公司股權，到最近又購進一家筆記型電腦志合公司，積極跨入科技、金融業。寶成的獲利二〇〇〇年估計稅前純利可達三十億一千萬台幣，較一九九九年增加二億八百萬台幣，上半年稅後淨利達十六億三千萬元。產品三成供寶成集團自用的裕元工業，一九九九年營收十四億三千餘萬美元，二〇〇〇年上半年也達七億一千五百萬美元，每年營業額爲四百六十億台幣。

寶成國際集團以其擅長經營經濟規模、量化生產工廠，締造鞋業王國。旗下擁有十七萬員工的大老闆——蔡其建，除了盡心經營事業外，卻有一項少爲人知的嗜好——品茗。因他愛喝茶，老普洱茶曾救了員工一命，讓他情有獨鍾。寶成集團旗下裕元大陸鞋廠，由於廠區範圍廣闊，廠內也擁有消防隊，配備完整的救火裝備，甚至連雲梯車都有。員工由九一年的一萬多人到現在已有七萬五千多人，爲此，裕元在當地興辦一家比地方醫院還要好的醫院，醫生加護士就接近二百人。由於員工太多，裕元員工要返鄉時，必須動用一千六百輛的巴士，總長達十三公里，才能在春節期間將員工全部都送回家。

寶成是目前全球最大的運動鞋廠，在大陸的廠房設施規模往往遠勝於大陸一些鄉鎮地方政府所管轄的範圍，有如一個小王國。

五、大成長城集團

從事油脂與麵粉生產起家的大成長城集團，是台灣大型食品企業集團之一。一九九八年，大成長城集團國內和海外的總營業額達到台幣兩百億，其中母公司大成長城的營業額爲台幣一百一十億，在台灣的食品業上市公司中，僅次於統一集團。集團分爲四個事業群——基本農畜群、消費食品群、餐飲服務群和國際事業群。這幾年，大成集團提出「縱橫長城、亞太爭峰」的口號，決心在二十一世紀來臨之前，在「家禽垂直整合與餐飲」暨「糧食與動物營養」兩個領域中，建立起一縱一橫的兩座長城。

強調在農畜食品業的領域裡，要成爲市場上最強勢、最集中的領導者。

一九八九年，大成集團在香港設立國際事業總部後，將營運範圍拓展到東南亞與中國，在中國沿海各主要城市陸續成立肉雞電宰、麵粉與飼料生產據點，並跨足速食餐飲業。

一九九〇年，在東北瀋陽和撫順分別成立飼料廠與肉雞電宰場。其後又以合資方式成立深圳蛇口麵粉廠、天津麵粉廠以及大連飼料廠。並著眼於上海廣大的消費市場，以及過去在台灣經營漢堡飽王的經驗，在上海獨資開設「烤堡屋」正式跨足速食餐飲業。

一九九五年，與美國泰森食品赴大連設立從飼料生產到畜養、電宰的一貫化工廠，同年與日本丸紅商社在大連成立肉雞的二次加工廠。從飼料、麵粉、餐飲到肉類加工的投資經營模式，集團從本業範圍朝上下游相關產業垂直整合發展，產品的多元化雖然不及其他台商食品業者，但從產品整合的角度來看，大成集團卻是食品業中執行一貫化生產最爲徹底的台商企業。大成集團總經理韓家寰預估，有朝一日，大成集團在中國市場佔有率只要能達到百分之十，就能穩坐領先的地位。

這幾年來，大成集團從重重危機中煎熬過來，並且積極跨進國際舞台。二〇〇〇年預估獲利稅前盈餘四億三千萬元，預估上半年應可順利達成百分之五十的目標。

四十多年前，從台南鄉下一間不起眼的小工廠，歷經上、下兩代胼手胝足的努力，竟能拚出一幅國際事業版圖，其靈魂人物正是董事長韓浩然。其子韓家寰，在韓家七個兄弟姊妹中排行老六，三十五歲時接掌大成集團總經理。政大商學系畢業後留學美國，取得芝加哥大學企管碩士的學位。在他一歲時，罹患小兒痲痺症，但殘疾並不能阻擋他實踐抱負的毅力與決心。他希望能訓練出一批專業經理人，培養出三十個左右的小總經理。人類因有夢想而偉大，夢想的實現都是從無到有，而且從缺陷中找到更大的完美！

六、其他企業

◆裕隆集團

一九九五年，中華汽車與福州汽車公司合資成立東南汽車公司，初期資本六千萬美元，雙方股權各佔一半。中國從一九九一年開始，只准德國賓士與南方集團合資項目、美國通用汽車與上海汽車合資項目，最後一個就是台灣中華汽車與福州汽車合資項目。位於福建福州青口工業區的東南汽車廠，佔地八十公頃，最終目標是建立一座三十萬輛的大汽車廠。二十七家台灣零組件廠商已經聚集在青口工業區，形成聚落。

東南汽車廠九八年銷售兩千七百輛得利卡，獲利四千五百萬台幣，是中國同級車型車廠中排名第二。目前東南汽車的經銷商已經擴散到二十三省市區，三十一個據點，維修據點有五十五個。九九年底東南汽車廠正式大量生產，預估二〇〇五年營業額，中國將和台灣一樣達到五百億台幣。另外裕隆也在廈門投資零組件廠。

◆台塑集團

台塑集團自一九九二年以來，已在中國開設九家公司，總投資三・六億美元。南亞塑膠在廣州及南通設有塑膠二次加工廠，九九年七月在重慶市經濟開發區成立「南亞塑料工業重慶有限公司」，計畫首期投資二千九百五十萬美元生產和銷售新型建築材料ＰＶＣ塑料管和包裝材料、ＰＥ膠膜。另外台塑將引進廈門鋰離子及鎳氫電池技術，並利用長庚醫院發展中醫藥學。

◆三家上市製藥公司

中國化學製藥及永信藥品兩家股票上市公司在中國都有投資，中化的蘇州廠已經投產，逐漸降低財務負擔，永信藥品的崑山廠九九年也已投產。生達製藥公司在福州健爾泰藥廠投資停擺後，目前已找到合作對象。

◆勤美鑄造公司

勤美公司在天津的勤美達工業公司，將成爲兩岸最大鑄造廠。該公司準備提出二億元台幣，在中國南部地區成立鑄造廠，預期設廠地點在廈門。天津勤美達工業九八年完成第三條生產線，目前三條生產線全部動工投產，每月生產量約二千噸，二〇〇〇年業績可達七億台幣。

因目前供不應求，預計二〇〇一年第一季增加第四條生產線，未來三至四千噸，將是兩岸最大的鑄造廠。

◆國巨電阻器集團

國巨以東莞廠爲基地，結合國巨電阻器、智寶電容器和奇力新電感器。國巨在台灣廠、東莞廠及蘇州廠都生產電阻器、電容器，月產量六十五億個，超越日本Rohm，成爲世界最大電阻器廠。國巨集團轉投資的奇力新，也計畫二〇〇一年到東莞生產電感器以降低成本。

◆宏碁電腦

宏碁電腦公司在廣東中山廠於九九年七月投產，將爲IBM代工桌上型電腦與伺服器。宏碁希望政府能解除赴中國生產個人電腦的禁令。近年積極搶攻中國市場的IBM，行銷中國的桌上型電腦多委由中國長城集團代工，一旦宏電中山廠七月投產後，部分ＩＢＭ桌上型電腦、伺服器將改由宏電代工。

宏電轉投資的「香港宏碁資訊」爲宏科對中國的窗口，未來隨著宏電中山廠及明碁蘇州廠量產，加上宏科在中國的生產、組裝及配送，大陸市場將是宏科的成長動力來源之一。宏科二〇〇〇年可將中國市場的經營轉虧爲盈。

◆台達電子公司

台達集團成立於一九七一年，現已成爲世界第一個大開關電源製造廠，產品跨越電子零件、電源、電池、顯示器、薄膜感測器等高科技領域。九九年六月在上海成立全球第二家研發機構——上海台達電力電子研發中心，將從事通訊電源、伺服電腦與工作電源產品、直流轉換器及電子式安定器等四大類技術產品的研發。中長期產品研究主要集中在ＰＣ機ＤＣ電源，ＵＰＳＣ不斷電系統及逆變器等技術上。

◆建大橡膠

兩家最早赴中國投資的橡膠業之一——建大，除了第一個廠建大深圳廠穩定成長外，建大崑山廠九九年營運情況已趨於穩定，投資效益將明顯發揮。建大於一九九二年前後到中國轉投資設廠，建大崑山廠九八年完工量產，二〇〇〇年爲第一個完工的產銷年度，全年營收目標爲五億八千萬台幣。

九九年六月，建大與倫飛電腦雙方投資逾三千萬美元，在廣東設生產基地，年底投產主機板、鍵盤。

◆正新輪胎

正新是台灣橡膠業最早赴中國投資的兩家上市公司之一。除了第一個大陸廠——正新廈門廠繼續穩定成長外，正新崑山廠二〇〇一年全年營收估計可以成長八成。正新輪胎在一九九二年前後到中國投資設廠，三、四年前又在崑山設廠。九八年營收約十二億台幣，預估二〇〇一年超過二十億台幣，較二〇〇〇年成長八成。

◆大衆電腦

一九九九年三月二十八日在廣州成立廣大科技，結合大衆電腦、裕隆集團、太電集團、台塑南亞等資金，規劃將有六座生產工廠，項目包括銅箔基板、主機板、印刷電路板、印刷廠、電源供應器以及鍵盤，前三項工廠已量產，後三項將擇期量產，大衆並主導工廠運作。

中國生產基地計畫投資額二千萬美元，總廠區面積五十萬平方公尺，已成立廣上科技、廣大科技與廣州科技三家，其中印刷電路板廠已於一九九九年十月量產，爲大衆廣州生產重鎮揭開序幕。

◆益華公司

益華公司在中國四川、江蘇太倉、遼寧瀋陽及北京四個地區已設立飲料廠，九八年經營虧損台幣一・二七億元，目前在中國各地建立合作經銷商達二千家。四川廠一九九九年通過ISO9002國際品質認證，生產的生活飲料知名度名列第三，二〇〇〇年可望盈利，整體投資效益在二〇〇一年實現。

中國投資除飲料事業外，正積極拓展物流業及流通事業，朝多角化經營邁進，擴大垂直整合效益。益華已在瀋陽成立「鴻華瀋陽實業公司」，爲瀋陽對外核發零售執照的兩家外商之一。益華計畫設立物流中心，開設量販店賣場，提升後勤配貨、運輸績效。

爲提升企業知名度及暢通籌資管道，四川公司及瀋陽公司計畫在適當時機分別向香港及中國B股申請股票上市。

◆京華證券公司

由威京集團轉投資的京華山一國際公司是九八年日本山一證券倒閉時，威京集團購併山一香港公司而成爲對中國投資的最大窗口。九九年主辦承銷中國國營企業中國石油化學公司冠德控股公司在香港上市，募集資金超過三億港元，是九九年香港股市最大集資案。京華證券於九八年初在上海成立分公司。

◆信益、羅馬、和成、凱聚等磁磚公司

一九九九年信益公司中國廠獲利約一億二千萬台幣，二〇〇一年預估大陸廠獲利可達二至三億元。目前在中國地區已有二百多個經銷據點，包括北京、東北、四川等地，是經銷據點分布最廣的一家。

二〇〇一年羅馬公司中國廠效益及外銷訂單增加是成長關鍵。羅馬中國大陸廠目前再擴及其他省份約有五十餘個據點。二〇〇〇年營業額爲台幣六億元，獲利一億

元，較一九九九年呈倍數成長。

和成大陸廠目前有一條隧道窯、一條梭子窯，二〇〇一年將再擴建一條隧道窯。預估二〇〇一年大陸廠營業額可達八億台幣，獲利約八千萬元。

凱聚公司二〇〇一年準備擴建一條生產線，使大陸廠增爲三條生產線，獲利全年預估可達一千二百萬台幣，呈持穩之勢。

◆大連勝利廣場

斥資十六億人民幣，佔地八千坪，建築面積四萬二千坪，是除日本

★蔡辰男先生與大連市政府合資在火車站前蓋一座全東北最大的商城——勝利廣場，圖爲御園村台灣小吃街。

外，亞洲最大的地下商城。這是國信集團蔡辰男與大連市政府合資的大型購物商城，一九九三年興建，九八年四月一日正式開幕，預計五年後股票在中國上市。國信另外在鞍山、瀋陽亦成立便利店，經營物流事業。

除了以上公司在中國有大量投資外，還有後繼者蜂擁而至，如永兆精密電子公司計畫赴中國投資印刷電路板；台達化工將在中山投資發泡級聚苯乙烯（EPS）廠；二十一世紀不動產將設中國總部，並已在二十五個地區展開分區授權；大買家將進軍中國量販市場；市昕電容器公司二〇〇一年將赴蘇州設廠；台灣八家軟體業者聯手進軍中國，預計二年內設九十二個據點；技嘉主機板公司將進軍中國準系統市場；南極食品將與Yogen Fruz 攜手登陸等等。

截至二〇〇〇年底，台灣資訊業產值六成以上外移。根據二〇〇〇年七月台灣證期會統計，到目前為止，上市公司前往中國投資，多數仍呈現虧損，其中以電子業的獲利最為豐厚，在整體獲利十四億台幣中，電子業佔了十一億。

二〇〇〇年，台商對中國的經營投資轉趨求穩。由於九七年的過度擴張，讓不少台商在這兩年嚐到苦果。以「康師傅方便麵」在中國打下一片天的頂新集團，爲爭奪方便麵的市場佔有率，跟統一企業大打價格戰，使得頂新獲利連續三年衰退，一九九八年只在損益兩平邊緣徘徊，獲利降到谷底，轉投資的德克士炸雞，店面一收再收，在北京和上海皆有賣場的百腦匯賣給藍天電腦，將頂新天津股權賣給南僑化工。頂新對手統一企業則連續八年出現虧損。旺旺集團九七年獲利只較前一年度微幅成長百分之一點一。而前進中國的久津、味丹、桂格、波蜜等台商，一九九九年也仍陷入虧損。紡織業者致力於中國市場內銷，如中興、遠紡、嘉裕、民興均將發展重心轉向中國內銷市場，皆有亮麗成績。

據二〇〇〇年六月台灣工業總會調查，二〇〇〇年七成六在中國台資企業會有盈餘，未來可能增資者達四成，多數登陸台商看好二〇〇一年獲利。

第二章

台資企業在中國的競爭對象

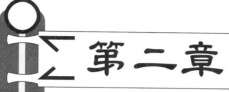

近幾年來，隨著中國投資環境的改善，除了台資企業，世界有名的大公司也開始注視中國這個大市場。這些國際資本雄厚的「超級戰艦」紛紛掉轉航向，駛向遙遠的東方。據聯合國統計，中國已經成爲跨國大公司開設子公司最多的國家，達四萬五千家。迄今已有四百家以上大型跨國公司和大企業集團在中國投資，每個項目平均規模在一千萬美元以上。

所謂國際跨國公司，通常是指聯合國跨國中心排名前一百位的大型跨國公司和美國評出的全球五百家大企業集團。它們在國際直接投資總額中佔有百分之五十以上的比例。早在一九九三年，中國外資依存度已高達百分之四十，美國的外資依存度爲百分之十六點六，日本爲百分之十五，外商直接投資已佔中國全社會固定資產投資的百分之十八點七。

台資亦屬於外資之一，台資進入中國的資金總額僅次於香港，居外資第二位。在日益競爭的中國內需市場，台企除了須與中國當地企業競爭，還須與跨國公司在中國的合資或子公司展開更激烈的競爭。

台資企業與中國本土企業、跨國公司的交戰

一、中國本土大企業

一般來說，中國的大企業集團大概有以下十大分類：

1.中央金融資本集團：由中國銀行、工商銀行、農業銀行、建設銀行等國家銀行組成。

2.中央部門集團：中國糧油進出口公司、中國化工進出口公司、中國船舶工業公司。

3.中央直屬的大企業、大公司集團：如長春第一汽車公司、上海第二汽車公司、

鞍山鋼鐵公司等。

4.高科技民營集團：如聯想電腦、北大方正電腦等集團。

5.民營實業集團：如希望公司飼料集團、東方建築集團。

6.地方實力集團：它們是省市一級辦的，典型的有寶安、中銀、萬國、深圳發展等銀行。

7.區域經濟集團：如春蘭電器等。

8.軍工企業集團：長虹彩電、新興等。

9.城鎮集體企業集團：如海爾電器、萬寶等。

10.鄉鎮企業集團：典型的有橫店。

中國企業的實力與世界性大公司相比，差距是巨大的。外國的跨國公司已在全方位、多角度地對中國企業實施「圍追堵截」。目前，世界五百大企業已有四百多家以各種方式搶灘中國。

二、跨國公司

跨國公司的海外投資，是按他們的全球布局，選擇具有區位優勢的國家和地區作試探性的投資。一經獲取成效，則抓緊時機，瞄準目標，注入大量資產和技術，形成大量生產，促成規模經營，並同時將其產品納入世界銷售網，包括大量生產的就地銷售，由此構成其全球布局的組成部分。跨國公司需要中國，中國更需要跨國公司。

當國際跨國公司來勢洶洶之際，中國本土企業應如何調整體質，行政部門該如何改造投資環境，以迎接跨國公司排山倒海而來的挑戰。

三、中國如何接受跨國公司的挑戰

爲迎接跨國公司的到來，首先要改造中國的投資環境，塑造優秀的企業人才，諸如：優化基礎設施、放寬投資領域、完善法律法規、注重知識產權、解決外匯平衡、創造公平競爭條件等。這些問題的改善與否關係到能否吸引投資大、期限長、技術精、產品優的大型跨國公司進駐中國。要創造健康、公平、有序、高效、以法律環境爲主要內容的市場經濟環境，制定科學、明確的產業政策，既有利於跨國公司投資，又有利於中小企業生存，做到有條件有選擇，有開放有保護，有引進有抵制，以揚長避短，興利除弊，營造一個適應跨國公司運作的市場大環境。

再者，中國企業集團要考慮發展多種途徑，接受跨國公司的挑戰。諸如：

1. 購併：逐步擴大核心企業的規模，進而達到整個集團的目的。購併是集團成長的主要方式。例如：海爾集團從一九八八年至今已購併近二十家公司。

2. 控股參股：企業集團通過控股、參股方式壯大規模，如公司與公司間的交叉持股方式。例如：美國花旗銀行與旅行者集團的合併。

3. 產業金融一體化：產業金融一體化是工業資本與金融資本融合的一種組織形式。例如：美國的財團一般都是由一家規模龐大的商業銀行爲核心，聯合工商業公司所構成。

4. 把握無形資產的累積：包括企業集團所擁有的專利權、商標權、商譽等品牌也是一種無形資產。例如：無錫小天鵝集團是中國最大的全自動洗衣機生產企業，其品牌價值數十億人民幣。

只要國家行政部門及企業集團有所準備。「不怕敵之不來，正恃吾有以待之」，便可從容迎接跨國公司的挑戰。

四、台資企業在中國與跨國公司、本土企業的交戰

台資企業由於政策限制，及進入中國時間較其他跨國公司晚，一些產業實無法與之競爭，唯仍有一些表現相當亮麗，可圈可點，如方便麵市場、個人電腦市場、保暖內衣市場等。

◆方便麵市場

到二〇〇〇年，全球方便麵的總銷售量達到七百億包，超過麵包的銷售量。中國

106-

台北市新生南路3段88號5F之6

揚智文化事業股份有限公司　收

廣　告　回　信
臺灣北區郵政管理局登記證
北　台　字　第　8719　號
免　貼　郵　票

地址：

市　鄉鎮
縣　市區
路（街）　段　巷　弄　號　樓

（請用阿拉伯數字書寫郵遞區號）

□揚智文化事業股份有限公司 □生智文化事業有限公司

謝謝您購買這本書。

爲加強對讀者的服務，請您詳細填寫本卡各欄資料，投入郵筒寄回給我們(免貼郵票)。

E-mail:tn605541@ms6.tisnet.net.tw

網 址:http://www.ycrc.com.tw

（歡迎上網查詢新書資訊，免費加入會員享受購書優惠折扣）

您購買的書名：________________

姓　　名：________

性　　別：□男　□女

生　　日：西元____年__月__日

TEL：(__)______　FAX：(__)______

E-mail：請填寫以方便提供最新書訊

____

專業領域：________________

職　　業：□製造業　□銷售業　□金融業　□資訊業

□學生　□大眾傳播　□自由業　□服務業

□軍警　□公　□教　□其他____

您通常以何種方式購書?

□逛 書 店　□劃撥郵購　□電話訂購　□傳真訂購

□團體訂購　□網路訂購　□其他____

✎對我們的建議：

方便麵的銷售量已佔有全球總銷售量的三分之一，目前共有方便麵生產市場企業二千多家，生產線二千多條，年生產能力爲三百五十萬噸，因受市場規模的限制，實際生產量僅爲一百七十萬噸。

根據中國中央電視台調查諮詢中心對中國三十二座大小城市在九八年十月的調查表明，按銷售金額計算，排在第一位的品牌是康師傅，達到百分之四十八點三，統一以百分之十六點二三排第二位。另外兩個市場佔有率超過百分之五的品牌是華豐和美廚。

在方便麵的生產企業中，外資企業的數量僅佔百分之十，卻佔將近百分之六十的市場比例，中國本土企業的市場佔有率僅爲百分之四十。

目前方便麵人平均消費量較高的國家和地區是韓國，每年人平均消費量九十包最高，日本四十二包，印尼四十包，新加坡二十四包，中國爲十一包。據專家分析，人平均消費量超過四十包，其市場已趨飽和，尚未達到此標準便有一定的發展空間。

◆個人電腦市場

中國國內市場的個人電腦銷售狀況是一九九五年一百一十五萬台，九六年二百一十萬台，九七年三百四十萬台，九八年八百五十萬台。

根據北京大視野調查公司調查顯示，擁有電腦的消費者僅佔百分之二十五點六，還有百分之七十四點四的用戶家中尙無電腦。來自中國官方統計，中國九五年電腦市場容量是六百億人民幣，成長率爲百分之二十四，到二〇〇〇年將達到二千億人民幣。

根據大視野公司一九九七年的調查，中國國內市場中國人電腦品牌知名度的排名是：聯想第一位，其次是蘋果、金長城、方正、康柏、ＩＢＭ、宏碁、英特爾。影響消費者購買電腦的諸多因素中，價值因素是最主要的。

◆保暖內衣市場

根據市場調查公司對北京保暖內衣市場九七年所作的調查顯示，保暖內衣的品牌知名度依序是三槍、宜而爽、豪門、麋老大、銅牛、白熊。不同品牌保暖內衣市場佔有率依序是白熊、三槍、宜而爽、銅牛、糜老大、豪門。從以上看來，高知名度並不等於高佔有率。本次調查顯示，屬於暢銷產品的保暖內衣面臨市場飽和。

◆排油煙機、熱水器

中國目前有上百家排油煙機的生產企業。根據北京頓邦公司的調查顯示，目前中國消費者對於排油煙機價格的心理承受能力主要在中低價位。

目前，排油煙機的主要產區第一是浙江，佔全國產量的一半，依次是廣東、江蘇、山東、上海等省市，零售市場主要集中在東北三省、北京、河北、山東、江浙、湖北及兩廣地區。實際年需求量是四百至六百萬台，尚有很大市場空間。調查顯示，純進口的排油煙機對中國市場影響很大，合資企業的產品影響越來越小。按營業額計算排名前十位的公司，依序是杭州老闆、浙江帥康、山東望島、玉立電器、順華輕工、中山川婷電器、江蘇天嬌、深圳機械、浙江飛碟及龍口礦機等。

到一九九八年，中國共有熱水器生產廠商近七百家，總生產能力可達一千萬台，目前年實際產量僅爲五百萬台，生產能力嚴重過剩。

央視調查諮詢中心的調查顯示，在消費者心中位居前五位的熱水器品牌排名依序是萬家樂、神州、前峰、沈樂滿和海爾；市場佔有率依序是萬家樂、前峰、神州、沈樂滿和水仙。

在熱水器市場上依然是國產品牌佔主導地位，沒有受到海外品牌很強的衝擊。仍有超過百分之四十的消費者認爲熱水器品質不夠理想。熱水器廠商佔總數的百分之九十以上是中小型公司，規模小、技術設備落後，產品品質都很難與知名品牌抗衡。

◆大哥大市場

中國自一九八七年引進行動電話到九九年四月底止，用戶人數已突破三千萬，用戶規模躍居世界第三，僅次於美國、日本，但是普及率仍不到總人口的百分之三，市場潛力很大。據市場專家評估，到二〇〇〇年用戶將達到四千六百萬，二〇〇五年用戶規模可突破一億，上升到三億戶的時間大約爲二〇一〇年。

在中國行動電話市場發展的初期，都是呈現出摩托羅拉一統天下的局面。目前摩托羅拉、易立信、諾基亞三大品牌的市場比例高達百分之八十五，西門子、NEC、飛利浦和三星等佔據其他剩下的比例。

目前進入行動電話的中國生產廠商主要有東信、廈華、熊貓、長虹等近十家企業，其中除了東信是專業通信公司外，其餘大部分是在彩電行業獲得成功的家電企業。

◆彩電市場

中國已連續七年成爲全球彩電行業的頭號生產大國，目前中國的彩電年生產能力已超過四千萬台，據統計，一九九七年中國彩電產量已超過二千六百萬台，而銷售量僅爲二千一百萬台，生產能力與消化能力之比爲一百比五十五，顯然供過於求。中國在一九九七年主要品牌彩電的市場佔有率依序是長虹、康佳、TCL（王牌）、松下、熊貓、北京、索尼（新力）、金星、高路華和廈華等。

目前大批國外著名品牌彩電企業在中國設廠並開始規模生產，如瀋陽LG、大連東芝、天津雅佳、上海索尼、蘇州飛利浦等。國外彩電在中國市場佔有率已達到百分之二十二點二，並呈上升趨勢。在成長相對緩慢的有限市場中，國外著名品牌和中國一些實力企業的加入更加劇了彩電行業的競爭態勢。

除了以上這些行業的市場分析外，尚有冰箱、乳酸製品、網際網路、相機、電話、洗衣機、軟片、冷氣機、軟體業、牙膏、香皂、洗衣粉等日用品、啤酒、果汁飲料、礦泉水等市場的第一手資料，因限於篇幅，無法一一詳述。

聯合國部隊開進中國

改革開放以來，外資的增加、外貿的發展，使中國經濟的國際參與度越來越高。國際經濟競爭集中表現在爭奪市場，這種競爭追求的目標，是對他國市場要打得進，對本國市場要守得住。佔領中國市場的外國產品，其實都是爲數不多的國際大名牌。

國際上的跨國公司對發展中國家的經濟競爭是沿著「三部曲」的節奏在進行。第一步輸出產品，第二步輸出資本，第三步直接投資。不同的外資最先經過市場調查、實地考察，然後再依「三部曲」進階，長江後浪推前浪，前浪死在沙灘上，儘管先來者退出市場，但後追者仍前仆後繼。

跨國公司在中國投資，一般都是抓住兩點，一是對有形資產實行控股，二是必定要用其名牌。

一、開進中國

◆麥當勞、肯德基快餐

西式快餐業的兩強長驅直入中國市場，這是由美國創造的兩個快餐名牌——麥當勞、肯德基。一九八七年，肯德基率先進入中國，在天安門廣場的一角安營紮寨，立刻受到歡迎。肯德基精明地在中國市場首選北京。一九九〇年，中國第一家麥當勞餐廳在深圳開業，也立刻天天爆滿。麥當勞的精明在於深圳是個移民城市。

麥當勞是世界上最大的名牌快餐業，在一九九七年世界最有價值的品牌中排名第四，品牌價值一百九十九．三九億美元，僅次於可口可樂、萬寶路、IBM。

目前全球的連鎖店已超過一萬八千七百家。肯德基到一九九七年年初在中國的連鎖店已達二百多家。

除此之外，美國加州牛肉麵、義大利比薩餅、韓國樂天利、台灣永和豆漿等各種快餐也不甘示弱，紛紛開進中國。目前，在中國的洋快餐，年營業額已佔中國快餐業市場年營業額的百分之三十。

中國的快餐在西式快餐業的影響下已開始發展起來。以各種麵食爲主要食品的中式快餐店「紅高粱」公司創立於一九九五年，現在已在河南、河北、海南、北京等地擁有二十多家分店。幾年前在北京王府井麥當勞快餐店對面開業，擺出與麥當勞一決高下的陣勢，結果敗下陣來。在上海紅極一時的「榮華雞」公開宣稱「肯德基的餐廳開到哪兒，我們就跟到哪兒」，最後還是以豪言壯語落空爲結局。在杭州，南方大酒家（中國的酒家是吃飯的地方）開發了具有杭州傳統的「百果油包」產品，到一九九七年九月，已在中國十八個省市建立一百多家連鎖店，也想與洋快餐一爭高低。

目前已有北京「香妃雞」、上海「榮華雞」、鄭州「紅高粱」、蘭州「馬蘭拉麵」也開始廚房現代化、經營連鎖化、規模化。一九九七年四月，在北京開業的「常州麗華快餐」是中國首家通過ISO9002國際品質認證的快餐業。成立四年，由最初的點心店發展成爲擁有數家連鎖店的大型企業，一躍成爲華東最大的快餐公司。「馬蘭拉麵」目前在中國也有一百七十多家連鎖店。

麥當勞公司認爲中國的快餐市場前景大好。他們分析：麥當勞在美國平均是二．六萬人一個店；在英國，平均是九．五萬人一個店；而在中國即使達到一千家，仍然是一百萬人一個店。

◆可口可樂、百事可樂飲料

「認眞地過每一分鐘」，可口可樂的廣告，大街小巷，哪個地方見不到？現在，「可口可樂」對中國人而言可謂家喻戶曉、婦孺皆知。一九七九年，中國改革開放以來，可口可樂就靜悄悄地進入中國。起初，完全以境外生產的罐裝品「寄售」於中國涉外飯店、旅遊點，意在投石問路。到一九八一年才在北京投產，在不大肆誇張下，十年時間，先後在廣州、廈門、天津、杭州等地，建立十多個瓶裝廠。爲了佔有中國這一潛力巨大的市場，花了幾十年的時間來培育，才在近幾年獲利。

可口可樂公司與百事可樂公司這兩個世界飲料業的老大與老二，憑藉著豐富的品牌，在中國也分庭抗禮，市場佔有率仍維持可口可樂第一、百事可樂第二的局面。

當世界飲料業兩強進軍中國之際，中國各地也紛紛開設工廠生產飲料。其中影響較廣、規模較大、市場佔有率較高的企業就有好幾家，如四川的「天府可樂」、上海的「正廣和」、北京的「北冰洋」、瀋陽的「八王寺」、廣州的「亞洲」及「健力寶」等。面對美國「可口可樂」、「百事可樂」對中國市場的強大攻勢，僅僅只有一、兩年時間，中國國產可樂型飲料就面臨全軍覆沒的威脅。面對破敗的山河，中國飲料也進行頑強的陣地守衛戰。以「天府可樂」爲首的中國八大碳酸飲料公司，發起了對「洋水」的反擊戰。然而在一九九四年一月十八日，天府可樂被百事可樂購併了。

「可口可樂」、「百事可樂」在中國興建的罐裝廠以及興辦的合資企業達三十多家，年產能達到七十萬噸，而在原來的中國國產品中，只剩下「健力寶」在作困獸之鬥。

繼「天府可樂」之後，一九九六年又殺出一匹「黑馬」——由「娃哈哈」集團推出的「非常可樂」。「非常可樂」來勢洶洶，在一九九九年世界杯足球賽期間，頻頻擠掉贊助商可口可樂，大打宣傳攻勢，廣告更是鋪天蓋地。「非常可樂」雖然自上市以來頗受消費者的歡迎，「娃哈哈」集團打的也是「中國人自己的可樂」作宣傳，但面對的是可口可樂、百事可樂這樣的大企業，要想打破壟斷這一局面似乎很難。也因此可口可樂、百事可樂並不擔心它所造成的衝擊。

據世界知名的美國《金融世界》雜誌對一九九七年世界著名的品牌進行評估，可口可樂排名世界第一，品牌價值四百七十九．七八億美元，難怪可口可樂的總裁曾經口出狂言：「即使『可口可樂』公司在一夜之間被一把無名火燒爲灰燼，他也可以憑藉『可口可樂』這塊招牌重新從銀行貸出來數百億美元，東山再起。」

◆汽車

外國汽車進入中國的歷史可追溯到一九〇一年，當時一名匈牙利人由海運將兩輛汽車運到上海，供在上海租界的外國人使用，這就是福特T型車。一九〇二年，袁世凱動用巨款從香港進口了一輛由美國人設計製造的汽車送給慈禧太后，這是第一輛中國人坐的轎車，可惜慈禧不允許司機與她一樣坐著，而須跪著開車。

在中國，本世紀五〇年代汽車工業才剛起步。一九八三年，上海汽車廠和原西德大衆（福斯）合資生產桑塔納轎車。緊接著，廣州和法國標緻公司合資生產標緻轎車。

一九九一年底，東風汽車公司與法國雪鐵龍公司簽署共同組建神龍汽車的協議，這是迄今爲止，法國在華投資最大的企業之一，公司總部設在武漢。「富康」轎車雖較以上公司較慢進入中國，但這次合資與桑塔納、標緻、奧迪有所不同，因爲它是使用中國自己的牌子，富康車型不僅是九〇年代的新車款，同時還協議技術轉移。

一九九七年，美國福特和通用汽車公司分別投資二・五億美元和一・三億美元用於汽車及零組件生產項目。通用到九八年時在中國已有幾家生產卡車和汽車零組件的合資企業。克萊斯勒和北京吉著廠早已有合作關係，並開始生產迷你廂型車。

日本最大汽車——豐田，與天津汽車公司合辦工廠，生產汽車引擎和變速器汽車零組。三菱公司則與中國航空、航天系統合資，生產發動機。韓國大宇與中國一汽在山東建立中國最大的汽車零組件合資工廠。

中國轎車工業初步格局形成時，轎車最大產能僅產三十萬輛。一九九一年，中國年產轎車九・一萬輛，到九六年達三十九・一萬輛，五年成長五倍，而後又衰退下來。中國汽車以一百二十六家成車廠、五千家改裝廠的龐大陣容，名列各國汽車廠家數量之冠。全世界二百多家汽車廠、中國佔了一半，但固定資產總值不及美國通用公司的二十分之一，汽車產量僅佔百分之二，目前，中國八大轎車公司中有六家已與外資合作，如上海桑塔納、一汽奧迪、廣州標緻、神龍富康、北京切諾基、南京依維柯等。

目前進口到中國的轎車數量最大的是日本車，其次是韓國車、美國車。一九九四年中國制定汽車產業政策，三年之內不批准整車項目，三年以後新開工項目，自製率必須在百分之六十以上。

現在，中國每一百一十人才擁有一輛汽車，七百三十六人才擁有一輛轎車。美國在一九九五年時，平均每一・三人擁有一輛汽車，居世界第一，日本和德國爲一・九人擁有一輛汽車。

中國人生產的轎車，中國人買不起，外國人看不起，主要的原因在於價格問題，其次是品質問題，再次是產量問題。特別是目前世界汽車產能已大大過剩，汽車行業每年所能生產的轎車和卡車要比銷售出去的多出二千萬輛。全球四十家汽車製造商中只有四分之一商家盈利。

美國的汽車大公司經過兼併、改組，只剩下三家，法國二家，義大利一家，日本十家。而眞正具有全球競爭力的汽車公司的銷售量必須超過五百萬輛。豐田汽車公司總裁奧田碩預測「在下個世紀，將只有五至六家汽車製造商」。一九九八年世界汽車銷售量僅次於通用、福特、克萊斯勒、大衆（福斯），居全球第五名，年銷售量四百四十五量的豐田尚且憂心忡忡，偌大的中國又如何？

走在中國的大道上，抬頭望去，街上各式各樣的衣服琳瑯滿目，大部分是外國名牌，如皮爾・卡丹（皮爾卡登）、金碧愛、利奧拉等。外資企業說「我要包裝中國」。中國是一個服裝生產和消費大國。中國是一年可以喝掉一個西湖的產酒大國。現在大商場、大酒店、大飯店林立，人頭馬、威士忌、XO蜂擁而至。當中國國產的相機軟片「樂凱」正要大幹一場時，柯達、富士排山倒海而來。

當中國各大城市大興土木、興建各大商場時，沃爾瑪（O mark）、家樂福、麥德龍、好又多等外資零售業也悄然進入中國。中國前一百大商場的營業總額還不如美國的沃爾瑪。全球網際網路跨國公司如微軟、王嘉廉之CA電腦、英特爾、IBM、宏碁等電腦公司也進駐中國。在外資廣告公司的攻勢下，中國本土廣告公司差不多全軍覆沒。

面對跨國公司的步步進逼，中國也在幾場戰役中打了漂亮的保衛戰。

二、向洋貨宣戰

◆仕奇西服

一九九四年末，內蒙古青松製衣有限公司登廣告，宣布「仕奇西服」向中國市場上銷售的海外品牌提出品質挑戰，承諾在同等價格上品質高於挑戰對象，在同等品質上價格低於挑戰對象，同時提出「一個民族擁有國際一流品牌，就擁有支撐民族自信的消費文化」。由此揭開對跨國公司產品宣戰的序幕。

◆格蘭仕微波爐

「格蘭仕」是中國微波爐行業的大哥大，一九九七年年產量二百五十萬台，在中國市場佔有率達百分之三十八點八，在夏普、松下、大宇、三星等國外二十多家洋貨的四面夾擊下，樹立自己的金字招牌。

◆美怡樂雪糕

一九九六年雪糕銷售大戰進入白熱化，中國大部分雪糕生產廠家處於虧本狀態，外資名牌如明治、和路雪、蔓登琳、雀巢用盡各種辦法搶佔市場，但中國廣式雪糕的兩大巨頭廣州市冷凍食品廠和中山美怡樂食品總立於不敗之地，而中山美怡樂更是佼佼者。

◆邢台機械軋輥集團

邢台公司是一家專為日本「新日鐵」鋼鐵公司製造焊接鋼材的機械廠。目前刑台公司已不僅成為中國軋輥生產規模最大、品種規格最全的專業化生產企業，而且已發展為成套和大量配套軋輥出口基地。邢機已逐步躋入「世界五強」之林。

◆青島啤酒

早在一九五四年，青島啤酒就開始進入香港市場，一九七二年隨著中美關係正常化，青島啤酒開始首次打入美國市場。一九九四年，青島啤酒在美國已形成四個區域的銷售網，其中東部、西部百分之九十五的中餐館銷售青島啤酒，旺季可達月售一千箱。

◆鹿王羊絨

鹿王羊絨集團公司是中國最大的羊絨跨國集團公司，該公司的羊絨產品出口量爲中國第一。「鹿王」牌羊絨系列產品百分之九十以上外銷日本、英國、美國、義大利、香港、台灣等地，成爲國際市場的搶手貨。

◆四川九洲傳真機公司

中國改革開放後幾年，傳眞機市場主要被日本的理光、松下、佳能、夏普、兄弟及韓國的三星佔了大半壁江山。一九九二年引進夏普傳眞機全套生產線的四川九洲電器公司，正逐步蠶食洋貨市場，一九九七年上半年就銷售「九洲」牌傳眞機達五千多台。經過近十年的努力，中國品牌的傳眞機已被市場所接納，這將爲中國的傳眞機產業在二〇〇〇年實現傳眞機自製率百分之八十五的水準奠定良好根基。

◆春蘭空調

目前中國的空調生產公司可分爲三類：

1. 如春蘭、華寶、格力等完全是中國獨資企業，採用國產組件或大部分國產組件及國產商標，屬於眞正中國貨。
2. 如華凌等中外合資品牌，但中國企業控制著大部分股份權，商標是中國貨，亦爲「混血兒」。
3. 如松下、萬寶、日立涼霸、瀋陽三洋、廣東三菱等，也是中外合資，但外商控制了大部分股權，採用外來商標。

近年空調市場形勢，松下、日立、三洋等洋貨向春蘭、華寶、格力等中國貨大舉進攻，洋品牌有升高之勢。雖然洋品牌具有一定的優勢，但中國產名牌在中國市場發展較早，這些中國產品牌生產規模比洋貨大，如春蘭年產量達一百四十萬台，而最大的中國合資企業「松下」年產量不過三十萬台，但市場佔有率高。春蘭空調市場佔有率達百分之三十七。

消費者心目中的理想品牌，春蘭第一，格力第二，三菱第三；在實際購買品牌中春蘭第一，格力第二，美的第三。中國空調機（冷氣機）生產廠商數百家，而春蘭空調一家的銷售量就佔中國國產空調銷售量的五分之一。

◆中國產洗衣機

一九九六年，中國生產的家用洗衣機數量超過一千萬台。目前，中國市場上的中國產名牌洗衣機已佔有很大市場，如山東海爾洗衣機系列的「小神童」、濟南的「小鴨」、廣東的「威力」、無錫的「小天鵝」、合肥的「榮事達」等。以「小天鵝」、「小鴨」、「海爾」爲代表的中國產品牌，在市場上佔有明顯地位，而國外品牌包括在中國境內由合資企業出產、使用海外品牌的產品，所佔市場比例很小，其中最好的是合肥「三洋」。當前中國洗衣機市場上百分之二十的品牌控制了百分之八十以上的市場。

除了以上介紹之外，下述爲中國各行業之佼佼者：

家電之王——海爾。

彩電之王——長虹。

鞋業之王——雙星。

膠卷（軟片）之王——樂凱。

電腦之王——聯想。

果奶之王——娃哈哈。

摩托車之王——嘉陵。

空調之王——春蘭。

在中國投資較著名的港日資企業

目前進入中國投資的外資企業來自於世界五大洲一百五十餘個國家和地區，從一九八五～一九九四年的十年間，在中國吸收外商投資金額的九百四十二億美元中，香港佔了百分之六十一的比重，再來是台灣佔百分之九、美國百分之八、日本百分之七。台灣廠商九〇年代開始才大規模地進入中國投資，但發展之快遠超過其他外資企業。

中國外資來源的國家和地區每年有升有降，據統計，一九九七年對中國投資的十大來源國家和地區爲日本、香港、美國、台灣、韓國、新加坡、英國、維爾京群島、德國和法國，來自這十個國家和地區的投資約佔中國當年投資利用率的百分之九十以上。

香港因地緣關係，與中國廣東省相連，尤其是一九七九年針對香港而開放的深圳特區，促使港商在八〇年代起大規模地投資中國。

一、港資企業

香港工業的發展大致可分三階段：

第一階段：從一九四九～一九七〇年代末，是工業的萌芽期，這一期是勞力密集的製造工業在香港紮根。

第二階段：從一九七九～一九八九年，中國改革開放後到「六四事件」這一期是香港的經濟結構轉型，將勞力密集的產業原封不動地搬進中國。

第三階段：從一九九〇～現在，進入九〇年代，香港工業面臨著生死存亡的關鍵階段，不得不轉型到高新科技尋求發展，這是第三期。縱觀香港的工業發展與台灣簡直如出一轍，只是香港資金進入中國至少比台資早十年，這十年變化太大，這也就是爲什麼港資企業在中國大都有盈利，而台資企業在中國大都虧損的主因之一。

◆南順集團

南順（香港）有限公司是集生產與銷售食品、包裝用品、清潔劑及電子產品於一身的集團公司。這個十五年前在香港僅爲一家市值不過幾億港幣的食油生產公司，目前已發展爲旗下擁有香港麵粉廠、南順食品和美特容器三家上市公司，在中國、台灣和美國擁有數十家企業，資產已超過四十億港幣的世界性國際集團。

南順最早立足於新加坡，由新加坡華人黃氏家族創辦，後來遷移香港，現任總裁錢果豐正率領南順人走向中國。南順企業的發展目標是促進企業從地區性走向全國性，把南順產品的品牌變爲眞正的國際品牌，從而在中國、香港、台灣的消費市場上佔有一席之地。

南順爲達成上述目標，於八〇年代中期開始朝企業轉型努力。南順改變投資策略，不斷將生產線北移至中國；其次以包裝用品、食品做爲市場開發的兩個重心，由旗下的美特容器、南順食品領軍，北以北京、天津，南以廣東、深圳爲主，開發中國市場；再來以香港爲管理營運中心，拓展台灣與亞太區域市場。南順希望中國至少有

四、五億人知道南順公司，這是南順人的未來。

◆廣東蜆華

蜆華微波爐電器有限公司，是香港蜆殼電器工業集團有限公司和廣東順德北窖工業發展總公司合資經營的輕工業部微波爐生產定點廠，是中國目前最具規模、產量最大、出口最多及型號最齊全的微波爐製造公司。

蜆華實行產品與經營多角化的策略，除主要產品微波爐外，還生產家用電器，如暖氣爐、烤麵包機、增濕機等。產品主銷美國、歐洲、加拿大、中東和台灣等五十多個國家和地區。

蜆殼從五〇年代起以生產電風扇起家，一九八三年爲開發歐洲市場，投資微波爐生產，一九八七年八月，蜆殼集團與順德北窖工業發展總公司合資蜆華微波爐電器有限公司，成爲中國第一家微波爐生產廠商。九二年起，該公司的產品開始打入中國內銷市場。九五年初，爲擴大經營規模，蜆殼把順德全資擁有的百分之六十股份出售給美國惠而浦公司，並讓惠而浦公司掌握蜆華的主要經營權，從此變成美、港合資的中

國企業。

蜆華投資中國的原因，主要是看準中國是微波爐消費的潛在市場，及利用中國的廉價土地與勞資。

◆王氏電路

王氏電路（惠州）有限公司是王氏國際集團旗下的王氏電路（多層板）有限公司與廣東惠州市工業發展總公司合資經營的技術密集企業，成立於一九八八年，主要生產雙面和多層精密印刷電路板，產品主銷北美、歐洲和東南亞地區，部分產品內銷中國。

王氏國際集團是一家香港的上市公司，也是東南亞地區最有影響力的電子產品製造商之一。精密印刷電路是該公司的三大主力產品之一，該公司在生產技術和經營管理得到母公司的大力支持，採用與香港完全一致的品質保證體系和運作程序，產品並已獲得國際認證。

王氏電路（惠州）有限公司自成立後，生產發展速度很快，銷售額逐年大幅攀升。產品在九三年以前有百分之九十八外銷，從九四年開始，內銷比例開始提升。王氏電路公司目前是中國能生產多層板印刷電路板的少數廠家之一。

◆中華自行車

深圳市中華自行車（集團）股份有限公司（CBC）是中、港、美合資企業，一九八五年由香港大環自行車公司和深圳華英達集團合資，八七年美國世穩公司參股成為合夥人。主要產品包括輕便郊遊車、賽車、爬山車、高級鋁合金車、健身車等六大類多種規格、型號和款式的自行車。

中華自行車在十五年的時間裡，由一個加工裝配小廠變成了世界最主要的自行車出口廠商，發展速度神速。一九九〇年，該公司被評為中國全國十佳合資企業第一名，還獲得中國最大機電出口生產企業第一名和深圳市經濟效應十佳企業第一名等榮譽。該公司股票於九二年在深圳證券交易所上市。

美國世穩公司於八七年投資中華自行車公司是該集團拓展海外市場最為關鍵的一步。「世穩」是美國產銷量超過一百萬輛以上的大公司、資本雄厚、貿易量大、信譽好且銷售管道多，它的加入使中華公司能迅速推銷自己的產品，同時也提高自己的知名度。

中華公司最近幾年先後和美國的施樂、英國的藍羚（萊禮）、法國的MBK、日本的Hodaka、澳洲的阿波羅等名牌廠商建立了聯繫，並接受OEM生產。

中華自行車在九〇年斥資四億人民幣，在深圳寶安區龍華鎮興建二廠，佔地十八萬平方公尺，具有年產量二百五十萬台自行車的產能。中華公司總經理港商施展雄是視事業爲第一生命的人，他辛勤工作的目的並非爲賺錢，而是希望把中華建成世界一流的百年企業。

◆富紳服裝

惠州市富紳服裝實業有限公司是一家合資企業，成立於一九九〇年七月，由香港升信實業有限公司、湖南國際信託投資公司以及惠州興信實業有限公司出資共同投資興建。富紳公司初期的幾年間，便在中國服裝界享有盛譽，產品暢銷中國二十八個省市自治區，同時與一千三百多個國營大中型商場建立供銷關係，產品遠銷中東、南美、東歐、港澳、台灣及東南亞等五十多個國家和地區，是中國產量最大、層次最高、顧客擁有量最多的專業服裝生產公司。

富紳引進世界先進水準的服裝專業生產設備、義大利名設計師的設計，同時配合香港式的管理與銷售技巧創立品牌。另外，富紳在宣傳、公關上捨得使大力、花大錢，如二次領頭贊助召開中國全國工商聯誼會、各種體育文藝娛樂活動，並與新聞界建立良好關係，發表在中央及地方各類報刊上宣傳富紳產品的文章便有五百六十多篇。這些都相繼提高該公司的知名度。

富紳公司以技術、管理的高起點，創立了名牌，在中國享有較高聲譽，但現在正面臨僞劣產品的嚴重困擾。中國境內出現各種假冒富紳的襯衫，因而破壞了公司產品的信譽，同時也擾亂了企業的經營。這是國際知名品牌在中國所遭遇最大的困擾。仿冒的根絕與否關鍵在政府的決心與毅力。

二、日資企業

日本企業挾著豐富的海外投資經驗，秉持永續經營的理念進軍中國。巨幅成長的投資金額與包羅萬象的投資業種，結合低成本的大陸勞力和優異的日本技術所發揮的強勢競爭力，已使因景氣低迷和日幣高漲而苦不堪言的日資企業，在西進策略中稍得紓解。

日本企業對中國的投資，繼一九八四、一九八八年以後，一九九一年已進入第三次熱潮。隨著日資的大量進入，日本企業兼具深度和廣度地進駐中國各城鎮，規模包含大、中、小型企業，業種涵蓋了機械、金屬加工、電子、紡織、食品、家電等。在投資區域方面，日資企業遍布中國，但基於歷史淵源，日本人對自然環境氣候與日本相似的大連特別鍾愛。距東京僅二千公里的大連已成爲日本產業界經營華北、東北之核心，工廠大部分集中大連經濟開發區，許多日本知名的企業如萬寶至、東芝、佳能、岩谷產業、三洋、松下、日清製油等均已進駐。

由於日本企業在大連人數眾多，團結的日本人在大連海邊自己興建社區，有衛星天線可以接收NHK等日本電視，有當天的《讀賣新聞》可看，有大榮超市，儼然成為一個「小日本」。

◆珠海佳能（Canon）

一九三七年以製造小型高級相機起家的佳能，六四年開始投入辦公事務機器的領域，朝企業多角化發展。一九七〇年在台灣投資生產相機，邁開海外生產的腳步。九〇年更迫於經營環境變化的壓力下，將投資觸角延伸到中國及馬來西亞。隨著事業的擴大和多元化，佳能的產品逐漸以事務機為重心，一九九五年其影印機、電腦周邊設備和資訊通訊設備等共佔百分之八十六，而相機產品維持在百分之十。

佳能一九八九年於新加坡、九三年十二月於香港設立零件調度據點。佳能在日本人工成本上升考量下，於一九七〇年在台灣獨資成立佳能公司，開始國際化進程。九〇年代又在台灣面臨相同問題，遂將量產型基地移往馬來西亞及中國珠海。一九八九年成立「佳能大連事務機器有限公司」，生產雷射印表機，是佳能踏上中國的第一步。九〇年九月設珠海佳能廠，生產中級照相機，原爲百分之百的出口設限，現已取得百分之十的內銷權。九四年開始，珠海佳能產品亦由相機擴展至辦公設備，開始生產雷射印表機，並於九五年取得國際ISO9002認證。九六年二月，珠海佳能已發展成擁有約二千五百名員工的企業。

珠海佳能成立之初，透過台灣的技術指導，生產線於一年內迅速步上軌道，且品質亦與台灣相同。珠海佳能的製造現場，可視爲台灣佳能的翻版。設廠之初，所引進的最先進設備，佳能式生產系統的導入方式，相同製程在一九七八年台灣即已導入，目前該作業的生產效率，珠海與日本、台灣已相差無幾。在製造過程方面，珠海佳能的相機模具雖由日本提供設計，但模具製造百分之八十五由台灣負責，日本僅處理百分之十五。

最近幾年，珠海佳能提升致力於單眼相機的製造，將單眼相機的製造轉移到由珠海、台灣和日本佳能以及當地業者合資在東莞市設立的連合光學來生產，並開拓中國內銷市場。佳能以台灣的經驗，整套移植中國珠海，並於短時間內成功移轉，可視爲日本「以華制華」的典型代表。

◆日立機電

歷史悠久的日立製作所，一九一〇年從「久原礦業所」日立礦山附屬修理工廠發跡，一九二〇年獨立爲株式會社日立製作所。八十年來的經營，事業領域已由傳統的發電系統、家庭電器等，逐漸向資訊映像媒體、電子通訊器材與半導體高科技事業領域邁進。目前已成爲日本僅次於豐田汽車的第二大企業，堪稱日本最具代表性的高科技公司。

日立於一九七八年與福建省合資成立的福建日立，是第一個與中國合資的日本企業。一九八〇年代末，更持續以合資方式對中國投資，產品包括映像管、壓縮機、冷氣機和微波爐等家電用品，以及火力發電、電梯等重電設備，分別在深圳、北京、上海等地成立合資生產地點。

九二年，日立與大陸計算機系統工程公司合資成立「日立華勝信息有限公司」、專事電腦軟體的開發設計。九三年底再與該公司在北京合資成立「日立華勝控制系統有限公司」，負責火力發電控制系統的製造與銷售。九五年投產微波爐於先前合資的福建日立家電。

在重電方面，九三年與哈爾濱機電廠合資成立「哈電電力新技術開發公司」，除接受中國境內的工程委託案，日後將發展成日立集團，進行水力發電計畫的國際調度據點。爲了提高各據點的資材調度能力並賺取外匯，日立製作所於九四年底在北京獨資成立控股公司——日立（大陸）有限公司，負責掌管旗下從家電、電腦軟體到重電部門等在中國展開事業。同時，並責以當地人才的培育，積極進行「人才當地化」，以奠定日立今後在中國發展的基礎。

深圳是中國對外最大的窗口，日立公司早於一九八九年即與深圳賽格集團、大陸電子工業總公司合資成立深圳賽格日立，位於深圳特區內，主要經營業務爲生產和銷售彩色映像管。日立在中國投資規模大、經營合理化、人才當地化，樹立外資企業的典範，成爲競相學習的對象。日立在中國投資獲得相當大的進展。

◆本田機車

執世界機車產業牛耳的日本本田技研工業株式會社，先後在中國合資成立引擎生產據點與三個組裝廠，目前整個集團以百分之四十的市場佔有率，領先中國其他一百多家的機車業者。中國機車產業在一九八〇年代以前的發展略顯緩慢，但自八八年突破一百萬台後，九三年更以三百三十六萬台超過日本，成爲世界最大生產國。九四年達到五百多萬台，九五年破八百萬台，是其他亞洲生產的總合。

九四年五月，中國新頒布的產業政策中明定，計畫在二〇〇〇年以前精簡機車製造廠家數，企圖將境內零散分布的機車廠整合爲十家左右。爲配合此政策，目前各廠均積極擴大生產規模，屆時將有一百多家的工廠被淘汰。九三年，本田技研對世界各主要國家的機車擁有統計資料中顯示，每一百人的機車擁有量以台灣的五十二・八台最高，馬來西亞與日本分別以十八・七台和十三・二台居二、三名，中國只有〇・四台，在十八個調查國家中敬陪末座。

本田技研在八〇年代初期便積極在中國部署，初期以技術合作爲對象。直到進入九〇年代，本田除了持續提供技術外，更投入資金相繼成立多家公司。九二年與洛陽北方易初摩托車有限公司技術合作，繼而與廣州摩托車公司從合作步向合資，成立「五羊—本田（廣州）摩托有限公司」。九二年，與曾自德國導入技術的天津迅達摩托車有限公司合資成立「天津本田摩托有限公司」。九三年，與嘉陵機械廠正式成立「嘉陵—本田發動機有限公司」。

本田集團進入中國短短幾年的積極部署，印著Honda品牌在中國大街小巷奔馳的機車已有百分之四十的佔有率。本田集團在中國的合資案中，「天津本田」專業生產天虹牌九十西西摩托車，初期年產二十萬輛。現在天津與廣州本田計畫在二〇〇〇年前達成一百萬輛的產能。

本田在天津、廣州和重慶嘉陵三個組裝廠的競爭策略是以品質爲導向，旨在取得規模經濟並達到初步國產要求，進而取得單一機種在市場的主導地位。站穩主力產品的市場盟主後，相關產品線的橫向聯合，是本田經營中國市場的中遠程目標。

◆松下電器

成立於一九一八年的松下電器以電子技術爲核心，展開其事業經營領域。目前在資訊通信、家用電器與生活基礎產業方面，均居世界領導地位。全球四個本部統籌之下，已在三十七個國家設立一百四十家子公司，集團旗下員工超過二十五萬人。六〇年代初期，日本松下在台灣成立松下公司製造收音機、黑白電視、冰箱、冷氣機，各種生產技術相繼被導入。台灣松下逐漸成爲接受來自日本松下電器各個事業部的技術支援，同時製造各種家電產品的海外子公司。正由於產品線齊全、自主性較高，被視爲「小松下」的模範生。

改革開放前兩個月，一九七八年十月鄧小平訪問日本松下，親自邀請松下創辦人松下幸之助到中國投資。第二年，松下幸之助訪問中國，松下同年在北京成立駐華辦事處，並於八〇年起對中國積極進行合作。八七年九月成立了以北京第一家外資企業著稱的北京松下，生產重要零組件彩色映像管，八九年投產後，松下電器的事業由洗衣機、無線呼叫器等合作迅速展開。

九〇年台灣松下即已在中國進行委託加工，目前仍有一、二十名人員派駐當地，迄今已培植了四百家協力廠，其中一百三十家主力協力廠並組成了「松學會」。由松下電器出資、台灣松下負責研發與技術移轉的「廈門松下」成立於九四年，轉移台灣松下的音響產品，期待成為松下電器最大的音響生產基地。已有近四十年歷史的台灣松下，以及近幾年急速成長的中國各松下據點，為松下電器海外投資作了最佳的註腳。

設在北京的松下中國總部統籌各子公司，各據點專賣不同產品，整個中國地區的據點實現提供全產品線的策略。最近幾年在大連設立、生產錄放影機主要零組件的大連松下，其地位凌駕於其他據點之上。松下在中國生產重要零組件，象徵它立足中國、主導中國家電市場的決心。

從長期的眼光看來，正如同與日立、三洋等日本家電業者一般，符合中國政府「雪中送炭」的價值觀，目前松下已開始享受來自中國各界「飲水不忘掘井人」的支持。在中國有識之士的心目中，這些日本家電業者並不單單為了賺錢，也真正為中國產業作出了貢獻。

◆萬寶至馬達

萬寶至公司於一九四六年在日本成立，創業之初以生產玩具用的彈簧裝置起家，之後進入玩具用的發條型馬達，並逐次由低附加價值的馬達邁向高附加價值的精密小型直流馬達。目前在全世界的精密小型直流馬達市場上，已擁有百分之六十的市場佔有率，其中百分之四十供應日本市場，東南亞百分之三十，歐洲百分之十五，美國百分之五，台灣則佔百分之十。

萬寶至能成爲世界直流馬達盟主，

★大連是中國最乾淨、綠化最徹底的城市，也是東北最大交通樞紐，圖爲大連火車站。

國際經營策略運用成功爲關鍵。台灣萬寶至的轉型升級等經營策略，支持著萬寶至的成長和茁壯。萬寶至於六四年開始展開對外投資，時值日本產業在國內製造業仍深具競爭力之際，馬淵健一會長的危機意識，塑造了萬寶至「無國界經營」的世界企業觀。首先在香港獨資成立香港萬寶至，活用香港當地勞力，並提供香港市場需求。八七年獨資設立大連萬寶至，以中國第一個日系獨資公司著稱。八八年起透過香港萬寶至在廣東逐年設立六個廠。九四年四月，爲強化廣東地區的技術支援和人才培養，獨資設立東莞萬寶至。

萬寶至對台灣的投資，始於一九六九年日台合資設立的華淵電機，及七九年獨資設立的高雄萬寶至。而高雄萬寶至於九三年與華淵各以百分之五十的方式在江蘇吳江設立江蘇萬寶至。從總公司觀點，萬寶至的海外投資可大致分成總公司→香港廠→廣東廠、總公司→日本廠→大連廠以及總公司→台灣廠→江蘇廠等三大系統。這三個系統互相競爭的同時，也互相學習和影響。目前香港萬寶至生產線已幾乎全部移至中國，廣東萬寶至已發展成擁有六個工廠、兩萬名員工的企業。公司目前生產的馬達以

CD音響比例較高，玩具僅佔百分之五，並朝PC用的馬達發展。

台商與跨國公司在中國的企業文化、經營管理比較

外資企業以各種形式進入中國市場，不僅爲中國帶來原有母公司的企業文化，在經營管理上也帶來了與中國完全不同的方式，不管是好是壞，也爲傳統的國營或鄉鎮企業帶來不可避免的衝擊。

一、企業文化的比較

「企業文化」就是滲透於企業一切活動之中，又涵蓋企業物質財富、精神財富之總合的精神支柱，也就是企業靈魂。美國哈佛商學院著名教授約翰．特和詹姆斯．赫斯特認爲，人們談論所謂「企業文化」，通常是指「一個企業中各部門，至少是企業

高層管理者們所共同擁有的那些企業價值觀念和經營實踐」。企業文化對企業長期經營業績有著重大的作用。

◆台商企業文化

台資企業在中國的經營者，若不是老闆自己，就是高階主管，一方面透過自己或高階主管的言行影響，在公開場合宣導建立敬業樂業積極拚搏的工作態度，並配合內部管理機制逐步落實，培育出以台商企業精神爲本、中國當地民俗爲輔的企業文化。

從談判、人員教育訓練到派遣、管理制度的擬定，都已經形成一個獨立運作的體系，最高主管負責政策擬定和建立高階關係，大陸事業群就擔負協調各部門與執行決策的事宜。這種由上而下的授權正是統一企業在中國所形成的企業文化。頂新集團以尋求較安定的幹部與員工爲前提，分以「移民紮根」與批量僱用的策略，派任台籍幹部和遴選中國從業員，以「整批僱用外地」員工的另一種移民紮根方式，建立獨特的人力結構系統。燦坤集團在中國與其他台商不同之處，就是員工待遇優渥與重視人力資源管理，積極進行策略聯盟、產銷合一、自創品牌，由本土企業跨到國際集團。寶成轉投資的裕元工業對員工的高流動率只有靠嚴格規定並配上罰則，才能夠將台灣管理落實，這種以X理論為架構的激烈文化，形成裕元工業在中國的獨特文化，企業生存基本上是先求存活，其次再談創造和發展。大成長城強調企業要得到發展，最好以適應當地民情為主，不要太強調各據點間的一致性，由台籍幹部誠心的溝通對員工產生無形的影響。

◆中國企業文化

中國的企業文化隨著中國社會文化的變革經歷了一個轉折，從過度誇大「精神萬能」、「政治掛帥」，片面強調企業中人的因素，不注重物的因素的「政治思想」式的企業文化，到改革開放以來片面強調物的因素，淡化企業員工意識和企業歸屬感的「實用主義」企業文化。從實踐上看，改革開放以前的企業文化含有日式靈性主義文化的成分較多；而改革開放以後，則比較推崇美式理性文化。

中國海爾集團到目前已購併近二十個企業，但它投入到購併、重組中的資金並不多，海爾的絕招是「輸入文化和管理」。在購併過程中，始終把管理和文化放在核心地位。海爾的核心價值觀是：著眼創新、注重品質、尊重個人、一切以顧客爲中心。在這一價值觀中建立起的海爾企業文化在盤整購併企業中發揮了積極作用。

企業缺乏凝聚力，在「虛無主義」與「實用主義」之間徘徊多年的中國企業文化，現在似乎正處於一種海爾集團總裁張瑞敏所說的「休克魚」狀態，它不是死魚，是因爲中國有著幾千年的文明史和商業文化累積。它還處於休克狀態，是指中國企業儘管有很大的文化潛力，但還未能找到或形成符合自身發展的、強有力而高效的文化體系。

◆跨國企業文化

西方企業文化深受西方理性主義哲學思想的影響。理性主義強調哲學、強調人的理性、強調事務發展的普遍必然性、強調方法的重要性。受這種科學和傳統社會文化的共同影響，西方企業文化呈現出注重理性、強調制度、重視契約、追求績效的特點。西方企業文化從主導方面而言是理性主義的，即是一種尊重事實、遵守客觀標準和規則、推崇邏輯思維的文化體系。美國摩托羅拉公司是一家最重視企業文化的代表之一，鼓勵員工暢所欲言，使全體員工站在企業的角度，充分發揮自己的意見和看法，管理者則審視這些意見和看法的可行性，這樣群體爆發出的無限活力，造就了企業的凝聚力。

東方企業文化從主導上來說是靈性主義的。它推崇信念和感情的力量，著眼於人的管理方式。這種企業文化形成了以人爲主的價值觀念和行爲規範，把企業的每個成員都作爲有思想、有感情的人來對待。尊重每個人的人格，著眼於上下級之間、同事之間的相互溝通和情感交融，使每個成員都有一種強烈的歸屬感和集體的責任感。中國傳統儒家的思想文化和哲學思想也是影響東方企業文化觀的重要因素。

日本的迅速崛起，根本上來說是得益於日本企業強而有力的企業文化。日本文化強調互惠關係、相互依存、集體主義、自我克制，這種文化是典型講究和諧共存理念的表現。從日本豐田汽車公司的經營管理中可以看到一個最大的特點，那就是全公司的整體性，也就是一種集體主義。在豐田公司不存在勞資間的對峙現象，人們不是勉強而是自然地參加生產和經營管理。這種影響表現在日本的企業文化中最爲明顯，爲追求「和」，日本人注重克己，提倡尊重他人，並在組織制度上明確企業人員之間的關係與地位。爲追求「忠」，日本人從小就培養了很深的等級觀念和對團體及長輩的絕對忠誠。

◆東西方企業文化的比較

與西方行爲科學注重的是理性的人不同，東方企業文化所注重的是情感的人；西方注重的是人的普遍必然的行爲規律，而東方文化所注重的則是以不同的方式對待不同的人。

西方企業文化的優點是有一套系統完善的管理體系，這一體系有助於企業保持和加強競爭能力和工作效率，有力推動管理實踐和企業發展，但這種文化缺乏靈性和適應性的缺點也是非常突出的。以日本企業文化爲典型的東方企業文化存在這些國家的特點，特別是大企業發展擴張過程中，除了保有本土企業文化之外，並加入西方企業文化，成爲日本式的企業文化。

二、經營管理的比較

「經營管理」是一門企業求生存、求發展的重要學問。許多企業管理者逐漸意識到企業要興盛與發展，穩妥的經營和嚴密的管理是企業競爭不可或缺的力量。

◆台商經營管理

台資企業進入中國的時間雖然早晚不同，企業規模也不一樣，但其經營管理一般都具有在台灣企業經營的特色，統稱爲「台式管理」。台灣的產業結構以中小企業爲主體，佔有百分之九十八的比重。中小企業機動靈活較富彈性，故中國開放早期，中小企業即有「我不入地獄，誰入地獄」的壯志，及「大軍將至，糧草先行」的打前鋒，而大企業則尾隨在後。中小企業善於單打獨鬥、單兵攻擊的方式作戰，難以透過集體作戰取得優勢。

當台商赴中國設廠時，必須派高階主管去管理中國工廠的基層勞工，因此在管理上必須選擇與當地習俗較一致的管理模式來進行。因爲大部分前往中國的台商大部分都是中小企業，一般都是公司負責人或股東親自坐鎮指揮，而大公司因老闆業務繁忙，不克坐鎮指揮，只得派遣台籍幹部代勞。爲了提高公司效益及有效與員工溝通，一般台商（含外資企業）均已逐漸意識到人才要當地化及人力合理化。

頂新集團以統一規劃方式，強化人才之培育，集團內透過通職、專業與管理人才的訓練計畫來進行企業體制的改造。燦坤集團推行一個既便於制度化管理，又合於中國特殊生態的做法——由當地人負責業務、收帳等第一線工作，而啓動ＭＢＡ擔任管理和經營的責任。寶成旗下裕元工業經營管理最大的特色是「管理模式台灣化」，將原先在台灣施行的制度照搬到中國，最近已朝向人力資源的開發，尤其是高級專業技術人才及人才當地化的方向發展，並引用「社區管理觀念」在工廠的運作上。所謂「社區管理觀念」，就是把企業按照生產線特點、人數、區域，畫分爲社區型態，由各社區的管理幹部，全數負責區內員工的工業生產、生活、醫療，甚至企業文化、觀念的傳達。由於台商在大陸的公司，多數員工都是外來的打工族，以廠爲家者相當普遍，這種社區管理的概念導入後，對裕元的後續發展有正面作用。

大成長城為了觀念與目標一致，以便於管理概念一致化，對幹部施以嚴格的教育訓練，對現場作業員則要求在廠區內作業方式和生活方式的一元化。

◆中國經營管理

中國企業在經營管理上形成傳統文化與社會主義結合的務虛觀念，發展出一套完整的社會、政治、倫理體系與觀念，形成對組織的生活依賴、大鍋飯心態、缺乏效率與品質觀念、漠視工作權益、相信工人階級領導的社會主義優越性。但是在比較成功的企業中，已逐漸融入西方資本主義的經營管理模式，因而能有一些成績，如燕京啤酒、小天鵝洗衣機、聯想電腦等。

◆跨國經營管理

在中國投資的外資企業中，無疑江澤民兒子——江公子所服務的美國惠普公司是較成功的經營管理企業。惠普注重以真誠、公正的態度服務於公司的每一位權力人，提倡人人尊重與人人平等，注重對員工業績的肯定。在經營管理上，實行「走動式管理」和「目標管理」相結合的方式，從而根植於公司企業文化上的獨特經營管理方式。提倡管理者「下基層走動」，隨時了解第一線生產情況，增進與員工交流與溝通。普遍採取目標管理形式，在實際工作中，提倡自我管理、自我控制與成果管理。提倡溫和變革，不輕易解僱員工，也不盲目規模擴張，堅持寬鬆自由的辦公環境，努力培育公開、透明、民主的工作風格。

◆台港日商在中國經營管理的比較

台港日商在中國的發展背景不同，企業形式也不一樣，經營與管理特質的差異，同時顯示出三大外資企業在產業社會和競爭優勢的不同。產業結構以中小企業為主體的台灣，經營管理特質表現在經營者主導企業經營，以單兵作戰的方式，由企業主或股東親自坐鎮指揮，引領大型企業前進，重視人力合理化、落實人才當地化、大企業幹部輪調制、中小企業當地安寨紮營及結合品牌行銷與人脈網路活化內銷系統。重視短期效益、短視近利的香港企業，憑藉其資訊敏銳與「前店後廠的地利優勢」，由香港進行設計、銷售等業務，活用中國當地既有資源，從事「三來一補」生產，管理當地化，欠缺首尾一貫的管理特性。重視現場主義、團隊運作及強調命運共同體的日資企業，秉持其慣有的長期視野，正派經營，將日式生產體系導入中國的製造現場，技術徹底移轉、集體行動，並注重企業文化的培育。由於語文與習慣的差異，日籍幹部掌管技術與財務，當地幹部則負責人事總務，並實施提案制度、品管圈等小集團活動。

中國企業的經營管理模式究應選擇歐美模式、日本模式或台灣模式？

我看什麼都不是，我相信，偉大的中國會選擇具有「中國特色」的企業經營管理模式。

第三章

悲愴與希望交織的中國經濟

「工業化」至今只有二百多年，在百萬年人類歷史的長河中，彷彿只是萬里長江注入海口的一排巨浪。但與四十六億年高齡的地球相比，人類歷史又只能算作一瞬，而工業革命後到現在的時間也只能算是這條長線上的一小點，人更如滄海一粟。但這一「點」的變，造成人類有史上驚天動地的影響。

中國古代經濟有沒有「工業革命」？

距今五千多年前，中華民族經濟史的開創者軒轅氏——黃帝，他的妻子嫘祖發現蠶能吐絲，於是把牠們馴養成家蠶，開創以後中國紡織業的先河。長江後浪推前浪，漫長的歷史靜悄悄地前移，幾千年過去了。中國自古以來是一個農業國家，「以農立國」是中國的根本。商鞅曾說：「民不逃粟，野無荒草，則國富。」中國農具的改革是否可爲「初級工業革命」？中國農具發生兩次重大的革命：一次是商周時青銅農具取代木、石、骨、蚌農具；另一次是春秋時冶煉業發展至戰國時期爲鐵製農具，其中的鋤頭、鐵鍬、鐮刀至今都還在中國及台灣農村普遍的使用。往後的三千年歷史裡，我們找不到有任何「工業化」的線索可以搭上。

「冶煉」是一門工業，而中國古代的冶煉則是初級的手工業。古代鐵、銅的出現，標誌著中國古代生產力進入一個新的文明。中國開始冶煉生鐵比歐洲早近二千年。用焦炭煉鐵也早了四、五百年。中國是使用煤煉鐵最早的國家。

「紙」是中國古代四大發明之一，對世界有重大貢獻。東漢和帝時宦官蔡倫發現的「紙」，是用樹、麻頭、破布和魚網製造而成，迥異於今天的紙漿。唐宋以後，印刷術的發明更是對世界人類造成深遠影響。但是印刷業及造紙業並沒有造成「工業革命」。中國是最早養蠶、治絲和織綢的國家，也是紡織大國。陶瓷也是中國古代工業中的佼佼者，中國瓷器精美細緻，以至洋人稱中國爲China，小寫的china是瓷器，中國與瓷器等名。

古代中國，除上述較重要的經濟工業，還有採礦、製鹽、兵器、甲冑、車輛、造船、漆器、製茶、釀酒、製傘、樂器、製糖、油料等等。

既然古代中國有那麼多發明，爲什麼沒有走上「工業化」一途？至少史學家認爲十九世紀中葉以前，中國並沒有發生工業革命。而工業是一國經濟發展的指標，國強民富的生存指南！

我們深知要工業化，必須有理論自然科學的指導，如要煉鋼必須具備化學知識，對鋼鐵作出精確的定量定性分析，而不是憑經驗，跟著感覺走。再則，要熟知應用數學特別是高等數學的理解。但中國人一向疏於追求眞理，輕疏邏輯、數學及自然科學。沒有自然科學的理論基礎，「工業化」不會從天而降。

中國在跌跌撞撞的經濟歲月裡走了幾千年，終於在腐敗的滿清政府統治下，被動地迎接了工業化的「曙光」。我們深知「工業革命」是從歐洲的英國開始的，英國是全球最早工業化的國家，工業化比歐洲大陸早個半世紀左右。英國孤懸於大西洋邊陲，卻首創不少對人有貢獻的事蹟；同樣，台灣孤立於太平洋西岸，不見容於國際社會，但它對世界經濟的貢獻，卻是有目共睹的。英國加入歐盟之曲折，台灣追求兩岸統一之苦心，值得吾人深思。

英國的工業化浪潮逐漸席捲歐陸。比利時是歐陸第一個發展工業的國家，而後是瑞士，再接著是法國、德國，還有大西洋彼岸的美國。此時的中國仍以世界泱泱大國而自喜。這頭東方睡獅仍沉睡於世界最大的陸塊上。

在明清兩朝的大多數時期，中國實際已與外界商業斷絕了關係，中國商業行爲模式與歐洲商業利益之間的顯著差異可在國際貿易領域中窺見一斑。明朝初期，永樂皇帝建造巨型遠洋艦隊，並派鄭和於一四○五～一四三三年間下西洋，足跡遠及東非海岸。但從鄭和以後，造船業不再受到重視，對外貿易幾乎被禁止。這一決定使中國與大規模的海外貿易擴張脫離了關係，而這正是自十五世紀末以後資本主義企業在歐洲迅速發展的重要關鍵。一七九二～一七九三年之間，英國爲與中國開展貿易，建立外交關係，於一七九二年派出以馬嘎爾尼勛爵爲首六百人的特使團前來中國，馬嘎爾尼花了一年時間裝運英王喬治三世贈送的六百箱禮物，其中包括天象儀、地球儀、數字儀器、計時器、望遠鏡、測量儀器、化學儀器、平板玻璃、銅器和其他各式各樣物品。次年七月到達北京準備把禮物奉獻給乾隆皇帝時，乾隆說：「我們什麼都不缺！我們對外來或異邦物品向來不多加收藏，我們也不需要貴國的任何工業製品。」他拒絕了允許英商居住廣州並到天津、舟山經商等所有要求，然後安排馬嘎爾尼一行沿陸路南下回國。皇帝的本意可能想以中國的巨大來震懾洋人，但馬嘎爾尼的此次長達五個多月的旅行卻使他看到了中國的眞面貌。皇帝傲慢、自大、又無知；官僚貪污腐敗且中飽私囊；百姓對科學一無所知，思想極度落後；社會普遍貧困，極不穩定；中國武裝部隊貪生怕死、不堪一擊，仍在使用大刀和弓箭。馬嘎爾尼認爲滿清政府自恃泱泱大國，夜郎自大、以管窺天、目光如豆，不知天外有天，只知駕馭人民，愚惑百姓。這一次陸路之行使歐洲人徹底了解中國，爲以後列強瓜分中國的侵略行動進行最初的「市場調查」。

一八一六年，英政府再次派使節團前來談判，因「下跪禮節」問題，再成僵局，使節團被嘉慶皇帝驅逐，談判之路因滿清政府全然不懂國際外交慣例而被堵死。這些頑固不堪的心態，使中國未能在十六世紀間，同西方的資本主義社會求取發展並與之競爭，也未能參加在那以後更有活力的世界經濟成長過程，反而在二十四年後，蠻橫英國發動了第一次鴉片戰爭，中國從此沉入長達百年的內憂外患之中。

近代中國具備工業化條件嗎？

嚴格來說，一八四〇年發生的鴉片戰爭，成爲中國歷史上經濟的轉捩點，而南京條約使中國被動地「工業化」，往後的一百多年中，中國歷經無數個不大不小的工業化，而在這些過程中，有許多問題值得當今正處於經濟高速成長的中國人深思。

我們應謹慎而認眞地檢視目前的經濟情況，明白我們在世界高科技中所在的位置，不要被新聞媒體宣傳的「虛榮假象」所迷惑。今日嚴重的情況是許多重要的關鍵科學、技術及科技產品，我們沒辦法生產，尚須進口，例如，資訊產業中最關鍵的積體電路核心組件，尚無法設計開發；石化工業中最關鍵的大型裂解設備還須進口；國產汽車自裝率還待提高。這種被掐著脖子的產業，著實讓人捏一把冷汗。

一九四九年後，中國的經濟趨於二元化，台灣走的是西方資本主義的市場經濟，而中國走的蘇聯式社會主義的計畫經濟，共產黨與國民黨分道揚鑣的經濟工業道路完全兩極化。中國改革開放前工業政策的「重重輕輕」，重工業太重，輕工業太輕，影響後來的經濟發展。我想這一點頗值得商榷。我們深知投資重工業具有資本多、週期長、回收慢、利潤低、風險高等特點，世界工業革命儘管是從紡織工業啓動工業化，但工業化的本質是機器重工業，如紡織機的製造，能使機器工業傲立於世界最關鍵的是鋼鐵業、礦業、機器製造業、化學工業等「基礎工業」。英國因重工業的發達，成爲十八、十九世紀世界強權、日不落國；美國因發展重工業成爲二十世紀引領世界的國家；前蘇聯因發展重工業及航太科技成爲二十世紀世界兩強之一；日本度過二次戰後的經濟危機，在一九五六年開始採取有澤廣己的「傾斜生產方式」，投資重點爲重工業和化學工業，結果經濟迅速成長。日本採用先進煉鋼技術帶動其他如造船、汽車等工業的蓬勃發展。一九七〇年日本有大煉鋼廠七十七座，美國有七十座，英國有十三座。一九六九年美國的紡織、服裝、皮革業生產，在整個工業生產中僅佔百分之七點零七；紙張和印刷僅佔百分之八點零八；日本一九七〇年的這兩項爲百分之九點零九及百分之三點二。經濟發達的工業大國，在輕工業所佔的比例並不高。

我們常引以爲豪：中國人口衆多、地大物博、資源豐富，但這並不引起世人欽羨與陶醉。毛澤東四十多年前，錯批一個馬寅初，多生數億人，使中國承受了許多苦不堪言的重壓，而且至今壓力不減，不得不提前宣布，在二〇三〇年要停止人口的成長；六十年前錯殺一個傑出的布哈林，撲滅了一束頗有價值的經濟思想火花，又爲五十多年後前蘇聯的崩潰，留下了血腥的伏筆；四十年前的一次「引蛇出洞」，使中國喪失了數十萬名知識型人才，也失去了一次揚威世界的極好機會。這不僅是中國無法承受的負擔，也是中國人心中永遠的痛。如果按「人均」計算，中國只能算是「資源小國」，如中國的人均水資源只有世界人均量的四分之一，人均煤可採儲量爲世界人均量的五分之二，人均森林儲積量僅佔世界人均量的十分之一。中國的礦產資源的人均佔有量不足世界人均量的一半，爲前蘇聯的十分之一，美國的七分之一，居世界第八十位，而且中國貧礦多、富礦少。資源寶貴，但浪費資源的排名卻名列前茅。

中國幅員遼闊，經濟要高速發展，市場經濟要順暢流通，但流通的實在基礎是「交通」，交通建設中「鐵路」是中國最重要的運輸方式之一。中國鐵路建設到一九八〇年營運里程數近五萬公里，這一年人均擁有的鐵路長爲美國的三十二分之一，前蘇聯的十一分之一，甚至印度都比中國高〇．八倍。中國以低技術的裝備要完成高密集、高運量的運輸，著實太難爲它了！中國的公路建設到一九八〇年有近九十萬公里，人均水平僅及美國的三十二分之一，日本的十分之一，印度是中國的二．七倍。中國的公路運輸效率很低，但是經濟發展的前提、廠商設廠的首要條件便是交通，在中國都須大力提高運輸的效能及效率。

經濟高速發展必會引來經濟與環保孰重的問題，在美國、日本都曾發生過，台灣也不例外。中國在改革開放後，也極力想防止工業對環境的破壞，但人們持著「大幹快上、有水快流、要趕緊讓經濟起飛、高速成長」的理念，於是工業污染也跟著起飛。對大氣污染的煙塵，主要來自燃煤，由於大量煙塵籠罩，遼寧的本溪市在衛星照片上已經消失；黑龍江的牡丹江市即使在晴朗的白天也看不到太陽；甘肅的蘭州必須要炸山，才能將混濁的空氣驅散；北京的「首都鋼鐵」上空，經日煙霧瀰漫，北京煙塵量之大使人們難得一見蔚藍的天空。整個北方的工業城市，落塵量皆超過環保標準。長江沿岸和沿海三十五個城市出現酸雨。水污染更形嚴重，各種有毒污水進入中國百分之八十以上的河川。中國二千萬家鄉鎮企業及個人企業因技術設備落後，使污染迅速蔓延，污染任意排放，進入生態系統，使土壤、水源、植物、生物資源面臨極大威脅。

人類工業化的過程並非隔天早上醒來便馬上發生的，它需要靠衆人的智慧，才能衆志成城。智慧的結晶源於高深的學問，學問源於教育，世界上沒有教育水準很低、但經濟發展卻很高的國家。工業化首先發生在西方，最根本的原因是有文化教育及數理化科學教育的學校普及。日本明治維新時，選擇深化教育來改變國家的辦法，到明治末年全國小學普及率已達百分之九十五以上。二次大戰後，在經濟極端困難的情況下，實現九年國教，教育發展爲日本提供大量人才。在日本、前蘇聯、美國等教育的發展在戰後開始逐漸優先於經濟發展。主政者應具「先投資再收成」的長遠教育目標。「亞洲四小龍」的崛起，很大因素取決於全國教育的普及化。中國因礙於現實，採取先經濟後教育的方法，先把經濟「搞活」，先爭取「翻兩番」，以後再談增加教育和科研的經費問題。教育是百年大計，沒有辦法急就章，而是要一步一腳印、踏實地走過。

鴉片戰爭後的中國工業化

從十七世紀到十九世紀初，滿清皇朝曾在經濟建樹方面取得非凡的進展。在一七〇〇～一八二〇年這段期間，人口從一億三千八百萬猛增到三億八千一百萬人，其成長速度幾乎是同時期日本的十倍、歐洲的兩倍，而且這樣驚人的人口成長並未帶來生活水準的下降，同時由於滿清帝國領土的擴張所帶來的安全感，使主政者有「朕即天下」的權威。一八二〇年中國的國土面積已達到一千二百萬平方公里，比一六八〇年明末時多了一倍。十九世紀四〇年代以後中國主權遭受外國侵略及破壞，外國侵略者給予中國的全面戰爭災難、民族痛苦和國家恥辱像洪水猛獸般湧向中國，同時，機器工業、科學技術也尾隨來到這塊古老而血腥的「龍的大地」。

一八四〇年，英國以中國沒收英商的鴉片爲藉口，發動鴉片戰爭，結果中國戰敗，被迫於一八四二年簽訂中國史上第一個不平等條約「南京條約」，割讓香港、五口通商、賠款等等不一而足。而後歐洲列強蜂擁而上，滿清疲於奔命，手忙腳亂地與他們簽訂一個又一個不平等的條約。在鴉片戰爭前，中國尚未出現機器工業，戰後英國人在廣州興建小型船舶機修理廠，這是外國人在中國土地上最早興建的工業。此外，外商還在農產加工業上開辦一些工廠，主要在絲、茶兩項中國最大的外銷項目。十九世紀七〇年代之前，在中國辦繅絲廠的外商都沒有成功，但在磚茶業上頗有進展。外商的蒸汽機製磚茶完全擊敗了中國手壓機製磚茶。

太平天國運動自一八五一年開始，至一八六四年結束，前後長達十四年，影響遍及十六省。它是對滿清帝國統治和尊儒的官僚鄉紳一次意識形態上的大挑戰。太平天國統治期間，曾做出若干改革規定，例如，禁止婦女纏足、禁止男子娶妾、禁吸鴉片、禁止崇拜偶像及祖先、禁止娼妓、禁止人口買賣、禁酒禁賭、禁止迷信巫師巫婆、割掉辮子蓄髮、厲行土地改革、實行按人口授田的「天朝田畝制度」、廢陰曆改用陽曆、軍隊和國家行政分類管理。太平天國的失敗來自於內部領導層的權力鬥爭、自相殘殺，及爲保衛大清帝國和大地主既得利益者而建立的一支新型職業軍隊——湘軍。

太平天國起義期間，外國不斷以武力侵略中國版圖，試圖將中國國土五馬分屍。一八五八年中英「天津條約」將九龍劃歸香港；一八六〇年中俄「北京條約」將黑龍江北部、烏蘇里江東部直到朝鮮邊境（包括海參威）的領土割給蘇俄，另蘇俄還侵佔西伯利亞東部的大片土地；一八六〇年代蘇俄強行佔領中亞的塔什干汗國及布卡拉、撒馬爾罕……，後來又侵佔中國伊犁河流域和巴爾喀什湖南部；一八九五年中日馬關條約又將台、澎割給日本；一八九八年中英協約中租借新界九十九年的部分又擴大已被英國佔領的香港、九龍之土地，加上太平天國起義前的中英「南京條約」割讓香港，以上這些都是在大清皇朝末年從中國手中分割出去的，加上四百多年前明朝「租讓」葡萄牙的澳門，中國共失去比台灣大五十倍的土地（外蒙古在一九一一年脫離中國，在一九六〇年獨立）。

西方國家的工業化進展是以紡織工業爲開端，而中國的工業化進展是以抵抗外侮及平定內亂的殺人武器開始起步的，大清皇朝自知大刀弓箭不足以鎮壓太平天國及東西捻軍，因此對洋人之「船堅砲利」及先進的洋槍洋砲求之若渴。基於需要，西洋的機器工業便被引進了中國，而軍火工業成了中國機器工業的靈魂。

一八六一年十一月，兩江總督曾國藩在長江邊的安慶開辦「安慶內軍械所」，這是中國第一個自辦的機器工業工廠。第二年中國人造出第一艘國產的輪船，一九六三年，中國第一個留美學生容閎向曾國藩建議辦機械廠，生產各工業所需的工作母機，這是中國第一次較大規模的採購外國先進技術、設備而用之於中國。一九六二年李鴻章在上海和蘇州興辦兩個砲局，製造西洋彈藥。上述三個近代工業的工廠，可謂是中國的機器工業之肇始。

中國機器工業的出現，與西方國家有所不同。中國機器工業的出現沒有自然科學的理論準備，不是由私人資本家和科技發明者來推動的，也不是從紡織工業這樣的民生工業品的生產開始的。開創中國工業化時代的人物，既不是瓦特、愛迪生這樣的偉大科技專家，也不是洛克菲勒、福特這樣的企業家，也不是彼得一世這樣雄心勃勃的國家首腦人物，甚至也不是木匠、紡織匠一類畏畏葸葸的小人物，而是一群對科學毫無所知的朝廷弄臣來主導的，他們辦的三個工廠，雖然開始了中國「工業化」時代，但在後來的近一個世紀裡，中國並沒有眞正工業化，沒有建立大工業體系。「工業化」的結果只平息了太平天國、東西捻之亂，對於實力堅強的外來侵略者，並沒有使之屈服，反而更使中國人民陷於萬劫不復之地。

一八六五年，李鴻章在上海成立有史以來最大的工廠——江南製造總局，同時有機器廠、汽爐廠、洋槍廠、鑄銅鐵廠、熟鐵廠、木工廠、輪船廠、倉儲、煤棧等。江南製造總局是九〇年代前中國工業化的最大成果，它就是現在中國國營大企業上海江南造船廠的前身。總的來說，江南製造局所製槍砲軍火和船艦，品質都無法與同時期的國外同類產品相比。

與江南製造局同步的，還有左宗棠一八六六年籌建的福州船政局，這是一家專門生產船艦的工廠，設備相當完善。福州局的機器化程度相當高。另外還有金陵機器局和天津機器局，它們在初辦時期對新式設備的購置安裝規模遠不及「福州」及「江南」兩局，不過其地理位置相當重要。

軍事工業在中國相當於紡織工業在西方。它成了一個帶動力，一種刺激力，使得各種其他工業被牽連、被拉動，因而也隨之發展起來。由於中國缺乏自然科學的理論準備，缺乏大批數理化和科技人才，人民的思想和智力依舊被籠罩在東方神祕主義的煙霧之中，因此人民在接受科學和工業時絕非積極或如飢似渴的追求。近代中國無法實現工業現代化的原因來自於政治因素及人才條件。

軍火、機器工業的生產一旦出現，所面臨的問題無非是燃料、原料、材料、機械加工、大規模運輸等問題。軍火工業需要大量的煤、鐵，這是由機器工業所導引開來的。而當時軍火工業所需煤鐵可能長久地由國外取得，因爲進口最終總是要由出口來償付的。許多兵工廠所需原料和零配件均需從國外購買，甚至還要買「上等英煤」，這種對外的依賴造成中國軍火工業實質上的脆弱。外國帝國主義者絕不會讓中國製造出最精良的武器來威脅他們自己在華的地位。

既然從國外進口物質代價太高，而且當時根本付不起龐大的外匯支出，所以就必須從國內的各種礦產開發生產著手，只有增加煤碳及鋼鐵的採掘與生產、機器設備技術的提升、交通運輸的增建及改善，中國才有可能現代化。

讓我們來看當時中國的煤炭、鋼鐵、機械和交通運輸業最初的發展。

◆煤炭

機器開採最早的兩個煤礦出現於一八七五年，即由李鴻章創辦的直隸磁州煤礦和盛宣懷創辦的湖北廣濟興國煤礦，但該二礦因種種原因未能辦下去。一八七六年，滿清派沈葆楨到台灣開辦基隆煤礦，這是中國自己實際開辦成功的第一座機器煤礦。直隸開平煤礦是當時中國最大的煤礦，主要供應天津機器局和上海輪船招商局。另外還有其他礦區，但這些礦山大都步履維艱，只有基隆煤礦和開平煤礦頗見成效。

◆鋼鐵

一八七四年，李鴻章辦磁州煤鐵礦，算是中國近代鋼鐵業的萌芽階段。中國發展機器工業，需鋼鐵甚多，基本上都是靠進口。後來張之洞在漢陽興建「漢陽鐵廠」，這是一個比較專業化的大型國營企業，當時在東亞是最大的。一九〇八年成立了漢冶萍煤鐵有限公司（漢陽、大冶、萍鄉），但好景不常，到二〇年代舉債二十二次，但鋼鐵爐終至熄火。中國鋼鐵工業在第一次大戰期間有些發展，但中國的鋼鐵工業從未先進過且鐵礦多爲貧礦。

◆機械

大清皇朝自從洋務派大臣大力興辦軍火工業時，各種西方機械設備進入中國，中國才出現了現代化的機械工業。因此中國的機械工業比過去、比其他工業算是比較好的，但水準仍極端落後於西方國家。主要問題在於外國公司不會把最好的設備賣給我們，如日本。再則，中國技術、人才極度缺乏，這是限制中國機械工業發展最根本的因素。其次，由於設備簡陋，精密工業製品無法開發生產，只好「複製古董」產品，但粗製濫造，品質低劣不堪。

◆交通運輸業

一是輪船，一是鐵路，初期著重於輪船。中國的輪船運輸業最早的是「輪船招商局」，這是「官督商辦」的企業，即資本家出錢，交由政府來辦。造船技術比同時期開始發展機器工業的日本落後甚多。中國航運業在整個滿清政府時期發展遲緩。交通運輸的另一重要部門——鐵路，發展也是緩慢而艱難。中日甲午戰爭前，除英商修築的淞滬鐵路外，中國共有兩條鐵路是自己修的。一條是唐山到天津及延伸到關外的鐵路，長三百二十公里；另一條是台灣的基隆到新竹，長七十七公里。兩條鐵路的修築都起因於運煤。中國的交通運輸業進步相當慢，如果當時鐵路建設全使用滿清政府撥款，那麼速度會更慢，因為在當時有百分之九十二的資本是外商投資的。

總之，中國工業化的腳步就是這樣邁出去的，它走得痛苦而蹣跚，艱難而遲緩。

因此，它在科學技術、生產規模、發展速度、資源配置、工業布局、產業結構、市場環境和法治保障，都與先進國家相差甚遠。

甲午戰爭後的中國工業化

中國爲抵禦外侮的「自強運動」，到了一八九四年已經有相當成績，主要是軍事上的成就。說穿了，未經交戰洗禮，平時如何勵精圖治，媒體宣傳軍容如何雄壯、虎虎生威，都只是外表的假象。當時中國有三支海軍，除北洋水師，還有南洋水師、福建水師，其中北洋水師具有捍衛京畿的任務，故實力最堅強。從外國買來的鐵甲戰艦「定遠號」、「鎮遠號」、「濟遠號」泊在粼光閃閃的海面上煞是威武，此外還有各式巡洋艦、快艇、魚雷艇二十餘艘，並在旅順、威海衛建設砲台、條築工事，完成後進行軍事檢閱，陣容整齊、萬砲齊發、場面壯觀。正當大清帝國上下均沾沾自喜，煞是得意，認爲二千浬海防已經完固，從此可以高枕無憂，就在此一片形勢大好之下，不久。中日發生甲午戰爭。

日本是一個沒有資源的島國，國土狹窄、人口衆多，因本身發展受限，極欲向外拓展，具有侵略本性。一八六七年明治維新開始，經濟迅速崛起，成爲一個四鄰皆懼的侵略國家。一八九四年，朝鮮南部發生大暴動，朝鮮政府無法控制，請清政府派軍平暴，中國政府派軍一千五百人入朝鮮，日本亦派軍入朝鮮，但幾天後日軍突然佔領漢城，不久日軍擊沉一

★大連曾受日俄統治，市街留有殖民時代的建築，近來大興土木，新建築如雨後春筍般林立，圖右爲勝利廣場。

艘運送中國軍隊的英國商船，中國增援軍一千餘人葬身海底，於是中日兩國同時宣戰。這就是歷史有名的甲午戰爭。事實上，中日「甲午戰爭」只進行五小時即結束。中國十六艘戰艦中五艘被擊沉，其餘全員重傷，日艦則無一沉沒，大獲全勝。後來日軍又登陸威海衛，丁汝昌自殺，十一艘軍艦和砲台上軍械全落入日軍手中，北洋艦隊從此煙消雲散。

一八九五年中日簽訂「馬關條約」，中國割讓遼東半島、台灣、澎湖給日本，後因俄、德、法三國「干涉還遼」，財政惡化的大清帝國又須多付三千萬兩給日本。賠款二億兩，加上前面的三千萬兩及日軍在威海衛駐軍軍費一百五十萬兩，共計二億三千一百五十萬兩。甲午戰爭完全打斷中國工業的緩慢發展，同時卻給日本帝國主義的「產業革命」吹響號角。日本正是在清政府的賠款基礎上，建立起日後侵略各國的現代化工業。日本的工業經濟實力直到甲午戰爭前尚微不足道，戰後日本工業資本迅速猛漲累積。今日研究歷史的日本學者均認為中國對日本的「產業革命」做出了巨大貢獻，世上沒有任何國家曾給予日本這樣大的歷史恩惠。日本學者井上清感歎：「還沒有一個外國從中國攫取如此龐大現金的先例。這筆戰爭賠款使得以三井、三菱、住友、安田和大倉爲首的財閥獲得空前巨額利潤。」

當時日本經濟發展在工業化的進程中發生困難，問題不在於人才，主要是缺乏資金，而資金的主要來源在於清政府的巨額賠款。從日本工業化經濟發展史中，我們可以看出，數次戰爭使日本發了橫財，甲午戰爭是最重要的一次。日後越激發日本帝國主義熱衷侵略的豺狼本性。

甲午戰後，日本一步步蠶食中國東北土地，以便攫取豐富資源。東北淪陷於日本手中，其重要工業皆被日本的「南滿鐵道株式會社」所壟斷。開始時，除經營鐵路外，還經營汽車、電車、國際運輸、旅館業、建築公司等。一九〇九年發現鞍山鐵礦，在當地建立鋼鐵工業，這就是現在著名的「鞍鋼」的由來。

煤都撫順在一九〇五年落入日本手中，也成了「滿鐵」的經營重點。「撫煤」以前爲土法挖掘，日人改用機器開採，是當時世界上表面開採最大的一個礦區。此外「滿鐵」還在東北經營製造業、化工、水泥、製糖、製煙、紡織、麵粉、玻璃、油脂等工業，還經營建築業、通訊、金融、商業等。

日本在甲午戰爭後對東北的強取豪奪，尤其是資金的注入，爲日本經濟帶來全面的工業振興，資金的累積更爲未來侵華提供雄厚的本錢。此後其他國家也很快拋開通常的外交方式，「禮貌」成了多餘的東西，直接了當的迫使中國讓出更多權益。

客觀地說，列強爲本身利益在中國廣大的土地上從事建設，對中國的經濟活動也帶動發展，如鐵路建設，前面提過中國自有資本才佔百分之八，後來鐵路全部收歸國有。

一九〇〇年中國發生義和團之亂，義和團以「扶清滅洋」爲口號，獲得慈禧太后的青睞，遂於一九〇〇年六月二十一日頒布宣戰諭旨，正式對外宣戰，這場戰爭引來了八國聯軍，被迫簽下「辛丑條約」。「辛丑條約」猶如一副命運的枷鎖，深重地套在中國的脖子上。本世紀初，清政府剛剛還清甲午戰爭賠款，驚魂未定、喘息未停，這時新的一浪襲來，打得大清昏頭轉向，令已陷財政拮据的經濟雪上加霜。條約決定的「庚子賠款」數額簡直就是天文數字，大清政府賠不起，只得對人民加稅，把海關稅、鹽稅、內地商品關稅統統拿去給洋人作保，這還不夠，甚至要各省每年攤派二千萬兩以應付庚子賠款。清政府實在無現金償還，只得要求外國侵略者將賠款轉化爲在華投資的資金。

在這種情形下，在中國土地上的機器工礦業和交通運輸業得到進一步的發展，但這種發展和西方國家的發展無法相提並論，因此它是爲外國在華提供暴利的「夢工場」。這時期，日本在華投資最多，約佔各項工業比重的百分之三十八，礦業投資上英國拔得頭籌。

甲午軍事上的失敗，張之洞認爲武器不精是重要原因，他要求朝廷再繼續到各處設兵工廠，特別是「內地」。清政府也幾次想辦新廠但都沒成功。向政府提供軍火的還是幾個老的「製造局」，如上海的「江南製造局」。後來居上的「湖北槍砲廠」是張之洞在九〇年代開辦的，設備較新，漸漸成爲清政府軍火供應中心，後來清政府必須償還巨額外債，一九〇九年只得停辦。此外，「福州船政局」在一九〇七年將該局洋員遣散，暫時停辦；頗具規模的「天津機器局」則在八國聯軍的砲火中摧毀。另如袁世凱興辦的德州機器局、四川機器局、山東機器局、廣州機器局等均無發展或停產。

這期間民生工業亦處於萎縮狀態，較大的兩個廠是漢冶萍和開灤煤礦。漢冶萍煤礦初期由於欠日本債務過多，被日本人控制不能自立。一九〇八年盛宣懷改組爲「漢冶萍煤鐵礦廠有限公司」，改國營爲民營，但最後還是因借債太多，成了一家爲日本服務的公司。但該廠的煤、鐵砂、鋼軌等銷路不錯，有的外銷，辛亥革命前生產狀況還好。開灤煤礦其設備大都購自德國，技術人員以本國爲主，只聘用三個德國工程師，生產效率不錯。後來英國人趁著大清帝國覆亡之際要求袁世凱批准，實際上又吞併了比開平煤礦大十倍的灤州煤礦，從而淪入英商之手。

在甲午戰爭前，中國的紡織工業規模非常小，又被國家所壟斷，不許民間興辦紡織廠，以免與政府爭利，這使得中國紡織工業根本無法帶動其他有關產業。故在甲午戰前的紡織業還是設備簡陋、技術不高的產業。七〇年代初期，外商也積極策劃想在中國辦紡織廠。

清政府始終不同意，但自己也無法辦廠。直到朝中洋務派深覺「自強必須先求富」，才排除財政困難，於一八七八年籌辦中國第一家使用機器的棉紡廠，一八九〇年開始生產，這時距曾國藩興辦安慶內軍械所已近三十個年頭過去了。從籌劃到生產前後十二年，一波三折。設廠的機器本屬老舊，但因民生必需品極度匱乏，銷路卻不錯。一八九三年十月十九日該廠遭回祿之災，李鴻章向朝廷要求在上海另設機器紡織總局，官督商辦，這就是「華盛紡織總廠」，由盛宣懷等督辦。這時，張之洞創辦的「湖北織布官局」已於一八九二年投產。李鴻章於一八九四年春，向朝廷提出計畫：「全國以華盛為總廠，分設十個廠，加上湖北織布官局，以後十年內不准續添」。而外國帝國主義者並不會讓中國達成這個壟斷計畫，甲午戰後被外商所打破，僅一八九七年一年內在上海便有五家外商紗廠開業，到一九一三年上海共有外資紗廠八家，中國民營也有五家。官辦的紡織工業在甲午戰爭後走上窮途末路。

中國交通運輸業在甲午戰爭後也走下坡，主要是外國勢力大增。在長江航線上日本佔首位。海運方面，招商局本就抵不過外商的競爭。「漕運」本來是招商局的特權，在一八九八年後一直虧損，反成了負擔。再說鐵路，甲午戰敗後，朝廷始發現不能迅速運兵是個大問題，於是掀起了修路高潮，並准商人籌資興建，官督商辦。辛亥革命前，在中國的土地上總算有了近萬公里鐵路。

機器工業在西方出現，形成以資本密集的資本主義社會；而它在中國出現時碰到的是腐敗愚昧的「大清皇朝」。機器工業在中國登場整整半個世紀後，轟然一聲，清王朝塌台了！苦苦折磨中國人民兩千多年的皇權制度也一起滾進了墳墓。由於政府禁行國會制度，加上全國的鐵路權都已落入外商之手，及種種原因，終於爆發「武昌革命」。一九一二年，在廣大的中國土地上誕生了「中華民國」。雖然民國肇建，但天下還是軍閥割據分崩離析，現代的經濟體系仍無法建立，中國的大工業時代，還是遲遲沒有到來。

中華民國時期的工業化與經濟發展

中華民國時期在政治上來說，應該延續到今日的台灣。但從研究經濟的角度，我把中華民國時期放到一九四九年國共內戰結束止。在此時期又把它分成四個不同時期，每個時期經濟體系有不同的工業化進展。茲分述如下：

1. 北洋時期（一九一二～一九二八年）。
2. 南京政府時期（一九二八～一九三七年）。
3. 抗日時期（一九三七～一九四五年）。
4. 國共內戰時期（一九四五～一九四九年）。

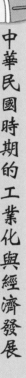

一、北洋時期（一九一二～一九二八年）

推翻大清皇朝統治的是在各地擁兵自重的軍閥，他們的軍事勢力崛起於前個世紀的舊官僚體系。雖然孫中山建立民國，但各地軍閥仍各行其事，不聽從中央指令，直到一九二八年蔣中正完成北伐，中國面貌上恢復統一前，大權仍掌握在各地軍閥之手。

這期間，中國在政治上發生幾年大事：

1.五四運動：一九一九年，國人「反對凡爾賽和約」、「反對二十一條」、「誓死爭回青島」等遊行運動，實質上成爲中國近代史上最偉大的新思想運動。

2.中國共產黨的成立：一九二一年七月二十三日，中國共產黨「一大」召開，提出把實現社會主義和共產主義作爲奮鬥目標。

3.中國民主革命之父孫中山先生於一九二五年三月十二日病逝北京協和醫院。

4.一九二六年五月北伐戰爭開始，到一九二八年完成中國統一。

上述政治事件對中國歷史發生重大影響，因經濟發展往往離不開政治，經濟需依附政治才有所成。從工業化歷史的角度來看，北洋時期，各地軍閥忙於交戰，對建立大工業經濟體均無重要建樹。清政府倒台以前，總共辦了九十九個使用機器生產的工廠，這是清朝留給民國的遺產，其中主要的和最重要的是軍火工廠，此外，還有機械、造船、製呢、鑄錢、造紙、紡織、煙草、瓷器、電燈、洋灰、火柴、玻璃、電力、印刷、鐵路、機車的修造等工廠。

中國的民族資本主義通常爲私營企業或民營企業。中國民營企業最早出現於十九世紀七〇年代，當時約有二十幾家企業。到甲午戰爭前，已經有一百多家民營的機器工業企業，但是他們在中國工業化的過程中，無法與清政府及外國資本家相比。中國和西方不同的是，在中國即使有私營資本主義企業，不一定就有工業化。

私營企業在北洋時期，主要是第一次世界大戰及戰後一段時間裡，獲得相當發展，堪稱爲「黃金時代」。民營投資的重點仍是輕紡工業，其他如機械、電力、化工和礦冶也有些許進展。棉紡織是私人投資的主要工業，這期間已從上海、江、浙一帶向華中和北方發展，也已初步形成幾個集團，如張謇的南通大生紗廠；榮宗敬、榮德生（其子榮毅仁後來成中國國家副主席）的上海申新紗廠，他們後來成爲中國棉紡業中最大的民營集團。郭樂、郭順兄弟的永安紡織公司，後來成爲申新的棉紡集團。麵粉業也在民營企業的經營下逐漸興盛，申新的榮家兄弟開始也是靠生產麵粉發跡後又投資紡織業的。

北洋時期的私營機器修造工業有些發展，問題是規模很小，而且只能做些簡單的產品和零配件，離現代化工業尚有距離。上海機械廠唯一成功的是嚴裕棠辦的大隆機器廠，主要客戶是日商紗廠。此外私營的電力工業也都是小火力電廠。這時期的化學工業頗有進展，代表性的工廠是范旭東所領導的「永利製碱公司」。後來因「侯氏製碱法」而揚名世界的侯德榜工程師即在此工作。私營礦業發展較快，私營機器工礦業有所發展，但公營經濟則走下坡。

工業方面，除漢冶萍、江南造船廠有所發展外，多數陷於停滯狀態。軍火工業方面，還是前清遺留下來破敗不堪的幾個廠，北洋時期漢陽兵工廠成爲全國主要的軍火工廠，但國產軍火性能比不上西方。在民生工業方面，基本上沒有建樹，軍閥混戰中，中央和地方政府沒有時間從事各項建設。礦業方面，只有漢冶萍所屬的煤鐵礦有發展。中國當年唯一的石油產地在陝西延長，二〇年代該礦報廢。

鐵路方面，前清將鐵路收歸國有，引發保路戰爭，北洋時期續推國有政策叫「統一路政」，各省已建成的私營鐵路收歸國有，並不許建私營鐵路，此時的建設遜於前清。說到大工業，前清時期主要還是官辦，而此時期反而陷於停頓。

二、南京政府時期（一九二八～一九三七年）

一九二八年六月三日東北軍閥張作霖在皇姑屯被日本人炸死。八月閻錫山軍隊入北京，國民黨南京政府於十五日宣布國家統一告成。此時，東北還在張學良手裡，談不上統一，十二月二十九日張學良「易幟」，南京國民政府取得國家形式上的統一。

但兩個月後發生「蔣桂戰爭」，不久又發生討伐馮玉祥。一九三〇年四月發生「中原大戰」，蔣、馮、閻混戰。一九三一年發生「九一八事變」，日軍很快佔領東北。這樣，南京政府從國家形式上統一到失去東北，共計二年八個月，中國國土又破碎了。

南京政府時期，對工礦業、鐵路、輪船及若干公用事業稍有建設。此時期推行的是對工礦業及各項經濟活動的國家壟斷政策。爲此，一九二八年成立建設委員會，設立鐵道部；一九二九年成立交通部；一九三一年成立全國經濟委員會；一九三五年成立「資源委員會」，負責全國工礦業。

在此期間南京政府在工礦業中幾乎沒有多少建設，主要是繼承北洋政府的原官辦企業，採用增資、合股、接管、國營等方式，同時限制私營企業的發展。

這時期，國民黨政府官營工業在整個中國工業中所佔比重仍小，約百分之十左右。到一九三八年，資源委員會經營的企業已有五十三個，其中有冶煉、機械、電工、化工、煤礦、鐵礦、油礦、發電等工業。建設委員會也興辦一些企業，主要是發電廠和煤礦。國家資本開始迅速膨脹。鐵路方面，完全由鐵道部自理，獨立於財政部之外，至抗戰前夕全國鐵路總長已達二萬公里。這時期從國外獲得的鐵路貸款只有北洋政府得到的一半，但修成的鐵路反比北洋時期多半倍。中國的鐵路在「九一八事變」前約有四成在東北，至抗戰開始日本在東北修的鐵路比關內多。這時期中國首次出現了航空公司，但南京政府所設的航空公司實際也是由外國資本控制的。

南京政府時期，私人資本仍受壓抑，私營資本並未入「大工業」主流，帶動經濟現代化。原因是：（一）私營企業本來在中國古代經濟的風浪中就是數目衆多、規模狹小、技術落後、時起時落、或生或滅、此起彼下，對全局不會發生巨大影響；（二）私營企業直到本時期仍然主要在輕紡工業中活動，最主要仍是棉紡，其次是麵粉業。其他如礦冶、電力、化工等較爲重要的行業，私營企業涉入的機會較小，企業規模也小，技術設備簡陋；（三）私營企業中缺乏對全國經濟有舉足輕重影響的大企業。因此，對中國工業化進行確有全面性的影響。

從一九二九年後南京政府重新獲得關稅自主權，外國進口商品必須繳納比以前更多的稅款，政府收入增加，國內工業也受到一定的保護。一九二八年，第一家中央銀行在上海成立，其他各大銀行都在政府的有力控制之中。現代化新式銀行不斷在各地擴展分行，引起傳統錢莊業蕭條，但新的銀行在農村貸款和支持新工業、企業發展方面卻沒有多少建樹。

南京政府沒有實行有效措施，如土地改革或農業信貸來幫助農民。此時期前後兩任財政部長由宋子文與孔祥熙擔任。他們分別於一九二八年及一九三三年上任，都是蔣中正的連襟，並且都與銀行集團保持著親密關係，透過掌控國營公司的活動來推動工業發展是此時期政府的努力方向。

三、抗日時期（一九三七～一九四五年）

一九三七年七月七日發生震驚中外的「盧溝橋事變」，日本企圖以三個月亡華的夢想，展開「夢幻之旅」。形勢對南京政府非常不利，京、津相繼失守，十二月日軍攻陷南京造成「南京大屠殺」，政府被迫遷至重慶。一九三八年廣州淪陷，長江的重鎮武漢也隨之失守。因此，戰爭開始十八個月，日本就奪得華東的絕大部分，其中包括中國大城市——上海，和經濟最發達的地區。抗戰期間，國共兩黨經多方努力，達成了休戰協議，但這並不意味著衝突已經化解，雙方都等待著一旦對日作戰結束，就要來一場你死我活的較量。一九四一年發生日本偷襲珍珠港事件，美日戰爭爆發，一九四五年日本無條件投降，結束在中國長達八年的戰爭。

一九三一年以後，特別是一九三七年，瘋狂已極的日本帝國主義在東北和關內大肆經濟掠奪和控制，爲了支撐「大東亞共榮圈」而挑起「聖戰」，力圖把中國東北建成它的重工業和軍事工業基地。到一九四〇年時，日本資本在東北工業中已佔百分之八十以上。東北重工業雖然集中，但技術水準並不高，因爲技術還掌握在日本人手中，中國人只能進行繁重且粗笨的體力勞動。日本只是要掠奪資源或初級產品，故東北採礦煉鐵能力大，煉鋼軋鋼能力小；鋼鐵工業規模大，機器工業極爲脆弱。這是典型的殖民地工業特色。在這頭野獸統治下，關內則被破壞得非常嚴重，特別是在工業集中之地，沒有內遷的工廠，若非被砲火摧毀，就是落入日本的魔掌之中。凡重要的物資生產如煤、鐵、鹽等都被凶惡已極的日本政府搜刮殆盡。

國民黨國家資本是在抗日戰爭中發達和充盈起來的。抗戰期間，官營資本在工礦業的投資佔百分之五十二，私營佔百分之四十八。但是：（一）國家資本和私營資本集中；（二）國家資本進入的是基本和重要的工業，如冶金、電力、機器、化學等，而民營廠只在五金、木材、食品、文具、印刷等工業中較佔優勢。曾在一段時間裡私營爲主的紡織工業已經是公私平分秋色。煤礦仍是私營礦產量多，但資源委員會直轄的煤礦也有二十九處。金屬礦和油礦則是由國家獨佔。

在此值得一提的是，有一些以「民營」面目出現的工業是「官」們私人開辦的，蔣、宋、孔、陳當時被稱爲「四大家族」。例如「中國興業公司」以孔祥熙爲主；「雍興實業股份有限公司」爲宋子文家族所控制；「華西建設公司」爲陳果夫、陳立夫所興辦。

抗日期間，蔣中正未能很好地對付共產主義活動。共產黨內的親蘇派主張建立「城市蘇維埃政權」，但沒成功。毛澤東卻在正統黨派勢力之外的農村地區爭取到農民的支持。他把大地主沒收的土地重新分配給貧農、中農和小業主，獲得農民的廣泛擁戴，又採用游擊戰與國民黨周旋。抗戰勝利後的第二年，國民黨與共產黨之間的內戰就如火如荼的展開。

四、國共內戰時期（一九四五～一九四九年）

抗日戰爭結束時，共產黨的實力比一九三七年時已大大增強，擁有百萬訓練有素的正規軍和後備役民兵。不過，國民黨仍有近三倍於共產黨的軍隊，且武器裝備充足。在外交方面，美國令日本軍隊只對國民黨軍投降，但是在收復地區國民黨的腐敗和獨裁卻造成非常惡劣的影響，嚴重通貨膨脹，人民飽受痛苦。而共產黨在統治區中推行土地改革制度贏得民心。在蘇聯保護下，毛澤東的軍隊拿到日軍遺留在東北的軍火物資。到一九四六年蘇軍撤走時，共產黨已從軍事和政治上對這一地區實行了有力的統治。

經過三年激戰，共產黨勝利。一九四九年十月一日，毛澤東宣布在北京成立中華人民共和國，同年十二月，國民黨政府播遷台灣。

日本投降後，國民黨政府接收大量日本遺產，到一九四六年底，資源委員會就接收二百九十二個單位，技術和管理人員近三千人。全國共接收日本工廠二千四百一十家。國民黨政府建立了一些全國性及地方性集團性質的組織，如全國性公司中有中國紡織建設公司、中國紡織機械公司、中國石油公司、中央造船公司；地方性的公司則更多，華北、華中、上海、台灣等都有不少。戰後官營工業在全部新式工業中所佔的比重，已由一九三五年的百分之十、一九四四年的百分之五十增加到百分之七十至八十。國家資本已達到獨佔地位，私營資本很難插足。

二次大戰結束後，曾在中國興風作浪的外資已紛紛退場，德日是戰敗國而偃旗息鼓，英法等國戰後經濟也困難重重。戰後國民黨接收了在華外資中約佔四分之三的德日資本。美國在二次大戰期間，工業生產成長快速，現代工業化使其經濟力量日益強大。一九四六年以後，美國許多著名廠商及公司紛紛來華投資，主要地區以華南和台灣，行業以礦業、軍用工業和交通事業爲主，工業方面以電氣爲主，所以台灣的工業多與美資有關。

歷史並沒有給美國在中國經濟發展中一展身手的機會，也沒有給中國在建設現代化工業的經濟體系時取得美國技術的機會。回顧中國在一八二〇～一九四九年間，除了那些在太平天國運動中受破壞程度較嚴重的城市，如南京、武漢三鎮，大部分中國城市的面貌幾乎沒什麼變化。相比之下，以上海和香港爲代表的通商口岸城市卻脫穎而出，成爲現代化進程中的佼佼者。在這些享有治外法權的地區，受惠最多的是外國商人，但當時本地華人在與外商合作過程中，逐漸熟悉西方科學技術和銀行、金融、航運管理等知識。

一九三七～一九四九年，中國又經歷了八年抗戰及三年內戰，其結果是一九五二年的國民生產總值竟退回到一八九〇年的水準。在二十世紀的前半世紀裡，中國出現了巨額貿易赤字。相反地，印度和印尼卻賺入大量外匯。

中國經過七十年的大規模內亂和外國侵略，清王朝於一九一一年土崩瓦解。官僚和地主根本不可能進行深化的改革或實現現代化，因爲他們的特殊權益和尊貴地位全部依賴於那個古老的千年政體，與之有著千絲萬縷的聯繫。清政府垮台以後近四十年，政權又完全操縱在軍閥手中，他們也同樣忙於內亂，而且面臨比清朝時更爲嚴峻的外國侵略，因此幾乎沒有做任何有益於人民的事情來推動經濟發展，而國民黨的統治模式離民主實在太遠了。經濟方面，僅有的一些現代化成果主要都是在通商口岸和東北地區實現的，原因是外國資本家的滲透和中國資本主義萌芽所取得的進展。

中國共產黨時期的工業化與經濟發展

自從中華人民共和國成立以來，在經濟政策和具體運作上歷經了明顯的兩個階段。第一階段即毛澤東時期，一直持續到一九七八年。一九七八年底以來是改革開放時期。

從一九五二年到一九七八年，經濟成長速度非常明顯，中國國內生產總值增加了三倍，人均收入增加百分之八十，經濟結構也發生變化，工業在中國國內生產總值中所佔比例由百分之十提高到百分之三十五。中國儘管發展速度很快，但與當時整個世界相比，還是顯得很慢。這些許進展令人失望的結果有多種原因。

首先，大規模的政治動亂阻止了經濟的發展。先後歷經財產權的變遷，韓戰、中蘇關係破裂造成的經濟崩潰，大躍進運動和文化大革命所造成的自我創傷，與蘇聯在東北發生邊境衝突，與印度在疆藏發生邊界糾紛，與越南發生邊界戰爭，及天安門事件，所有這些都給效率和生產力帶來負面影響，使經濟發展得極不穩定。

中國共產黨統治中國，標誌著中國政治層結構和政府管理模式的重大轉折，較清王朝和國民黨統治時期，中央集權的程度加強了，控制深入到最基層政府，深入到工廠生產線、農場和家庭。黨有很強的組織紀律性，並對下屬官僚機構保持密切監督，軍隊也被牢牢控制。黨透過各種各樣的群眾運動控制了政府政策和意識形態的宣傳；透過沒收私有財產剝奪了地主、民族資本家和外國資本家等有產階級的權利。在經濟上中國採用蘇聯模式的指令性經濟。

一、改革開放前

共產黨在一九四九年所建立的「新中國」在經濟發展史上，有一個重要的分水嶺，那就是一九七八年十二月，中共十一屆三中全會提出改革、開放、搞活經濟的重要戰略方針，故從一九七九年開始了改革開放。

改革開放前，經濟發展也歷經數個階段：

1. 建政初三年恢復時期（一九四九～一九五二年）。
2. 從蘇聯引進工業化及中國「一五計畫」（一九五三～一九六〇年）。
3. 大躍進及文化大革命時期（一九五八～一九七六年）。

◆舊中國留下的工業遺產

中國歷經幾十年的戰爭，國家財政經濟陷入空前危機。首先是戰爭的破壞，到處是斷垣殘壁、遍野彈坑、橋樑斷裂、公路破毀、建築物千瘡百孔。由於戰爭，中國的農業產量下降約二成，工業下降五成多，現代交通運輸業下降六成多。此時，國民黨政府撤離大陸後，留下的工業遺產有以下這些：

1. **煤炭工業**：較大的只有開灤、撫順、淮南、焦作、陽泉、淄博、棗莊等礦區。日本掠奪的山西大同煤礦全被水淹沒，地面無一完整廠房，其他亦是嚴重破壞，完全停產。

2. **鋼鐵工業**：中國鋼鐵工業技術落後，當時全國最大的「鞍鋼」，其操作都沒有全部機械化。各地鋼鐵廠主要設備七零八落，廠區一片荒涼，成了廢墟。

3. **機械工業**：清政府首先引進的軍火、機器工業技術落後、設備簡陋。共產黨建政時，全國的機器工廠規模小、設備陳舊。日偽在東北能製造飛機和汽車，戰後因設備破壞不能製造。

4. **電力工業**：戰前工業大部分操控在外資手中。至中國解放時，全國發電量不包括台灣為一百七十四・八萬千瓦，台灣則為三十一・三萬千瓦。當時設備老舊，機器運轉效率極低。

5. **化學工業**：如硫酸、硝酸、鹽酸、燒　等產量皆明顯降低。

6. **礦業**：除煤鐵外，重要金屬礦如銅、錫、鉛、鋅、鎢、銻、金、銀、鋁等解放前皆有一定開發量。其中錫、鎢、銻、汞幾乎全部出口。

7. **紡織工業**：這是中國解放前唯一的一門較有基礎的工業。但其機器設備較先進國家落後，大都是進口國二〇年代的機器。中國的棉紡織業規模在國際上不能與歐美相比，在亞洲也落後於日本、印度。抗日戰後，國民黨的「中紡」其規模與「資源委員會」旗鼓相當，組織龐大。

8. **其他輕工業**：造紙，當時紙廠全國共有二百二十一家，台灣有十七家。麵粉，還是靠舊法磨粉技術。火柴，足敷國內所需，但磷、氯酸、鉀原料需進口。煙草，中國的卷煙業足夠全國所需。製糖，中國製糖工業主要在台灣，東北的甜菜製糖、廣東的蔗糖都有一定規模。食鹽，供過於求，求鹽出口創匯是當務之急。榨油，十之八九仍靠人力與畜力，提煉設備主要在漢口，次為上海，戰爭中破壞得很厲害。橡膠，全國工廠四百二十多家，包括台灣五十二家，公營佔十分之一，原料需全部進口。

舊中國的工業分布偏在沿海和東北。輕工業集中在上海、天津，重工業在東北。當時的中國，的確是「輕型結構」的工業，組織結構，生產效率也是落後的。

◆建政的三年恢復時期

解放後的新中國並非一下子就進入全國統一的「和平建設時期」。因爲建政時國內戰爭還沒有結束，與國民黨還有零星的作戰；一九五〇年初西藏拉薩正圖謀脫離中國；建政後一年即一九五〇年，發生二次大戰後最大規模的韓戰。從此，戰後整個中國的經濟恢復時期中，一直未能擺脫戰爭的陰影。

新中國工業的恢復，包括兩個方面的重要工作。一是對現有的工廠、礦山、交通運輸部門進行民主改革，清理混在企業中的敵對份子和惡霸流氓；另一個是生產事業的恢復。

建政初期，新的國營企業在戰火中出現，有些問題需集中解決，共產黨進行一連串政治運動，但是「政治運動」不能成為企業一種正常的生活方式，應當用法治的觀點和辦法來管理企業，才能長治久安，永續發展。共產黨對國民黨遺留下來的企業進行「民主改革」。而什麼是「民主」？你們是民，我是主。這種百姓是民，共產黨是主的改造運動，搞得企業員工雞飛狗跳，人心惶惶。

從一九四九～一九五二年時已有一些工業恢復。從國民黨手中接管了二千八百五十八個工礦企業，除少數為宋孔家族和其他官僚「商辦」企業，絕大部分為國民黨的「國營企業」，或CC系統（陳立夫、陳果夫）的黨營企業，還接管二萬多公里的鐵路。國民黨的「中國航空」及「中央航空」兩公司於一九五二年，港英政府出動大批武裝警察接收「兩航」全部在港財產和七十架飛機，還有油船，轉交美國。此外，接管的還有金融和商業機構。

建政初期三年，大工業部分，主體是國營企業獲得了全面的恢復和部分發展。一九五〇年，統一全國財政經濟，實施中央高度集權的國家財政稅收，使工業化的資本有了保證。一九五二年的工業總產值比一九四九年成長一・四五倍，平均每年成長百分之三十四點八，超過戰前二成多。

這時期的工業恢復有一些特點：

1.工業設備及技術有所提高，還生產一些新工業產品。如：

＊鋼鐵工業：鞍鋼產能比以前提高百分之五十。長達五百零五公里的成渝鐵路完全是用「鞍鋼」鋼軌鋪成的。

＊機械工業：紡織機械工業已能生產成套的棉紡織機器，還生產多種刨床、礦山機器和鐵路機車頭等許多先進、精密或大型的機器設備。

＊煤炭工業：國營煤礦生產過程進一步機械化。機械化採煤總量由一九五一年的百分之四十九提高到一九五二年的百分之七十七點六。

＊電力工業：在火力發電廠推行燃燒劣質煤的經驗，爲國家節省了好煤，降低發電成本。

*紡織工業：從蘇聯引進全套設備供應哈爾濱亞麻紡織廠，填補中國亞麻紡織業的空白。

*造紙工業：創造稻草拌料漿製造法，使造紙工業的原料獲得來源且節省進口木漿的消耗，並同時提高蒸煮設備的生產能力和紙漿的生產效率。

2.工業經濟效益稍有提高。機器工業中各種機床的生產能力普遍提高四至五倍，能源消耗和成本下降也有顯著成績。

3.工業結構轉向合理化，工業分布也有變化。一九四九年中國工業結構爲重工業小於輕工業，現代工業僅略高於手工業。在一九五二年時，主要工業部門中，基礎工業比例仍算小的。

4.國營企業產值的比例有所上升。一九五二年，國營工業總產值的比例有所上升，爲百分之四十一點五；私營工商業比例明顯下降。

5.工業勞力陣容強大、勞動條件改善、職工生活有所提高。

解放後的工業恢復，到一九五二年初步完成，這三年雖有成績，但因閉關自守的工業政策，並沒有辦法直接從外國引進高新科技來更新設備及技術轉移。

◆從蘇聯引進工業化與中國「一五計畫」時期

要實現工業現代化，有一條路必須要走，那就是從國外引進必要和先進的工業技術，只靠中國人自己是無法實現工業現代化的。這是「痛苦的眞理」，雖然主政者不愛聽，但卻是事實。在工業化史上只有一個國家在不引進任何外國工業技術的情況下，實現了最初的工業化，這就是英國。原因是在它開始工業化時，還不存在任何外國的工業化技術。此外，所有的國家在開始工業化的路上，都離不開外國工業技術的引進。中國、台灣當然無法例外。

建政時，對中國經濟現代化有較大影響的主要是蘇、美、英三國。英國很弱，二戰後，在國際上已退居次要地位。實際上只有蘇、美兩國有能力對中國工業經濟施加全局性的影響。美國在中國的政治立場上是支持國民黨的，一方面是意識形態上反對共產黨，另一方面怕蔣中正如果失敗，被共產黨取得政權，中國會倒向已經開戰的

「冷戰」對手蘇聯。但最後還是把中國推向蘇聯那一邊。

抗戰後，中國共產黨進入在東北的軍隊就是用日本的步兵武器裝備起來的。因蘇聯對國民黨接收東北的阻擾，使得東北淪入共產黨之手。中共建立政權後，第二天蘇聯就宣布承認，並與之建立外交關係。新中國成立後，毛澤東即從北京坐十一天的火車到達莫斯科，提出貸款三億美元的要求。這批貸款用於向中國提供發電廠、冶金工廠、機床廠、煤礦、鐵公路運輸等設備。一九五○年開始，蘇聯首先承擔了援建中國五十項大型工業企業。一九五二年，除完成探勘和設計工作外，還提供在蘇聯亦屬先進的工業設備。中國的工業建設，蘇聯的援建佔有重要地位。工業建設需要大量資金，而蘇聯提供的貸款利息，年利率只有百分之一，這項優惠也加速中國工業的脫胎換骨。

此後，中蘇在外貿和經援方面上升幅度很快。蘇聯成爲中國最重要的貿易伙伴。到一九五二年，對蘇貿易在中國的外貿總額中超過百分之五十三。後來中國實行第一個五年計畫期間，大工業體系在中國果然迅速建立起來。從工業技術的角度來看，主要是依靠蘇聯大量的經濟援助和全面的技術轉移。在國際經濟關係史上，如此大規模的技術轉移是獨一無二的。

一九五三～一九五七年，由於蘇聯對中國大量的經濟、技術援助，故被稱爲「大規模經濟建設」的年代。一九五二年，中國國家基本建設的重點，因任務需要，其順序有所改變，爲重工業、鐵路和水利。

第一個「五年計畫」時期，是中國自有機器工業以來第一次出現的眞正的建設年代。國家集中龐大的資金、蘇聯對中國進行全面的技術轉移、人民積極興奮地投入建設，使工業化體系在數年中建立起來。史達林對中國的第一個五年計畫的制定和執行有著關鍵性的影響，一九五三年三月史達林逝世，繼任者赫魯雪夫將中蘇兩國的關係維持到五〇年代末期，一直到一九六〇年七月兩國交惡、經濟互助關係完全斷絕爲止。由蘇聯設計和援建的一百五十六項重點建設是「一五計畫」最核心的部分。第一個五年計畫是在蘇聯的幫助及中蘇雙方的設計人員共同努力下制定出來的。「一五計畫」爲中國人民編織一個美麗的夢想，那就是建設一個繁華富強的工業化強國。「一五」開始時，中國仍處於工業化相當低的水平上，在世界各大國裡，比印度還落後，在工業技術上更是落後，有的工業部門還是空白。中國的工業談不上有一個比較完整的工業體系。「一五」帶動經濟發展、各項工業的進步，一九五五年七月十六日中國第一口石油斜井在玉門油礦老君廟油田上開鑽；一九五六年九月九日上午四時，中國試製成功的噴射式飛機進行試飛；一九五七年七月，中國第一個現代化客車製造廠——長春客車製造廠，開始動工興建；同年十二月，中國自己製造的一種多用途飛機——「安二」型飛機，製造成功。當「一五」完成時，中國工業向前邁開一大步，工業總產值成長百分之一百二十八點六，當然這些成績並無法跨入世界前列。

「一五計畫」所規劃的基本任務是：集中力量進行由蘇聯幫助中國設計的一百五十六項建設，建立中國社會主義工業化的初步基礎，這表現出「一五計畫」是以發展大工業、發展重工業爲其基本特色。「一五計畫」明確的將工業擺在國民經濟的主幹和重點的地位，也就是毛澤東在一九六四年所說的「兩個拳頭（農業、國防），一個屁股（基礎工業）」的後項建設。其中，重工業投資佔工業總額的百分之八十八點八，輕工業投資佔百分之十一點二。

由於「一五」期間優先發展重工業，使中國經濟的面貌發生根本的改變。「一五」是中國工業化的一個「大躍進」，其表現在工業生產的數量、技術進步上，都是值得肯定的。實行「一五」的成果，中國有了一系列的現代化工業：

1. **機器工業**：舊中國無法自製的機器設備，在「一五」時已會自製載重汽車、高效率機床、自動化高爐、精密儀表。自製率已從建政前的百分之二十提高到百分之六十以上。

2. **航空工業**：國民黨時期，所有的飛機都是向外國採購，這時已會製造噴射式飛機。

3. **鋼鐵工業**：建國前所需鋼材百分之九十五要靠進口，一九五七年全國所需百分之八十以上的鋼材可由國內生產。

此外，在重金屬、化學工業、無線電、有線電等通訊方面也有進展。輕工業方面也建立一些重要部門。「一五」期間，中國工業在「品質」上的進步，主要是依靠從蘇聯引進的技術。

五〇年代的建設，「一五」佔有舉足輕重的地位，而「一五」是蘇聯幫助中國設計和建設的共一百五十六個項目。這一百五十六項建設在中國工業史上具有深遠的影響，是中國工業化史上眞正踏實的第一步。

從清朝洋務派開始引進機器工業以來，中國工業史上還從來沒有過這樣集中、全面、有系統、又在短時間裡完成了大工業爲基礎的國民經濟體系的徹底改造的時期。中國早在十九世紀六〇年代就開始從國外引進技術設備，近一百年來，中國都沒有形成一個哪怕是低水準的工業化經濟體系，因此「一五」就顯得格外引人注目。

蘇聯提供的援助並不確切地就是剛好的一百五十六項，但一百五十六項是寫在「一五計畫」上的，它代表蘇聯援建的重點建設。「一五計畫」的建設項目主要在民用工業和軍用工業兩方面。在民用工業方面約有一百項，其他是軍用工業建設。民用工業中：鋼鐵工業有七項、重金屬工業有十三項、化學工業有七項、機械工業有二十四項、能源工業有五十二項、電力工業有二十六項，其他是軍用工業，其中也有民用、軍用交叉建設的。

從一九四九～一九六〇年，中國在工業現代化方面取得了重大成就：

1. **機器製造業**：二次大戰後，國外機械工業的發展趨勢是大型化、精密化、自動化和成套化。中國的機器工業在「一五」之前是相當落後的，和世界水準差得很遠，其分布地區僅侷限在沿海的北京、天津、上海等地區，規模狹小、技術簡陋。東北是日本人建立起來的重工業中心，在戰爭後期被摧毀，蘇聯人拆走了一半以上的設備，建政後，蘇聯人又回到中國幫助建設，援助的重點就是機械工業。中國機械工業的技術能力仍大大低於發達國家，大體上，技術能力來自於共產黨掌權前十年從蘇聯大規模輸入的技術和設備。

2. **鋼鐵工業**：鋼鐵工業是「一五」建設的重點。「一五」期間建設起來的大鋼鐵工業，開創了中國這個古老產鋼國家的鋼鐵工業新紀元，可惜後來被「大躍進」

及一場「文化大革命」打斷了發展生路。

3. **化學工業**：美國是世界上化學工業最發達的國家，其化工技術也最先進，特別是在石化工業中，世界上採用的基本上是美國技術。日本、德國、蘇聯也是比較發達的國家，而蘇聯的化學工業以化肥為主，其化工技術不及西方，但是七○年代的化工總產值佔世界第二位。化學工業是高科技的產業，在缺乏技術人才的第三世界國家中（如中國）發展起來是不容易的。現代化學工業的發展特點是大型化、自動化、技術越來越複雜。

4. **能源工業**：「一五」結束時，蘇聯援建的煤炭項目大多數沒有完工。五○年代的石油工業生產規模還很小，玉門、新疆、青海、四川，是四個主要油產地，電力的技術設備現代化和自動化程度不高。

5. **交通運輸業**：與發展國家相比，中國的鐵路工業建設還有相當距離。在「一五」期間，公路建設不是建設重點，仍有大量的公路是沙石路或土路。中國的汽車工業在相當長時間裡處於停滯狀態。在水運方面，「一五期間」繼續修復、擴建或是新建一些港口和碼頭，水運工程的施工技術也不斷提高。在航空工業方面，中國在一九五六年生產安12型多用途運輸機「運—5」，這是中國生產的第一架民用飛機。

6.紡織工業：「一五」期間，引進前東德設備，紡織業產能大有提高。其工業分布仍以沿海城市爲主。

中國與蘇聯的關係在中國現代史上有很重要的地位。一是因爲中蘇是兩個大國，二是因爲地緣上有著漫長的共同邊界，三是意識形態上曾信奉過同一個主義。中國「一五」開始時，恰逢史達林去世，史氏之死對中國影響很大。史氏死後，赫魯雪夫繼位。一九五四年春節，毛澤東向他提出要蘇聯幫助中國發展核子武器。赫氏只同意爲了科研可幫助中國建一個小型核子反應爐，毛澤東後來要求赫氏提供原子彈樣品，被赫氏拒絕，毛很不高興。一九五八年七月三十一日，他對前來北京的赫氏本人怒不可遏，拍了桌子，並以手指著赫氏的鼻子，赫氏的氣憤雖未溢於言表，但他心中的怒火想必也在燃燒。

一九六〇年七月十六日這一天，即六月二十四日開始的「布加勒斯特會議」後的半個多月裡，中蘇關係終於到達了一個具有實質性意義的轉折點。蘇聯政府照會中國政府，蘇聯決定自七月二十八日到九月一日撤走全部在華專家一千三百多人，並終止派遣專家九百多人，終止執行六百個契約，其中專家契約和契約補充書三百四十三個，科技契約項目二百五十七個。蘇聯專家撤退時，帶走了全部設計圖、計畫書和有關資料，停止或減少了許多設備的供應。

一九六〇年，中國自酒泉基地成功發射中國製的**R-2**近程飛彈；一九六四年，中國第一顆原子彈試爆成功；一九六五年，中國成功試射第一枚能自動導航的東風二A號飛彈；一九六九年，中國第一顆氫彈實驗成功；一九七〇年，中國第一枚人造衛星試射成功。今天如果蘇聯人要挑出哪一個援助協定是他們感到後悔的，無疑要數一九五五年所簽訂的幫助中國建造第一個實驗性的核子反應爐和迴旋加速器這個協定。正是由於這個協助，及後來在杜布納對中國一些核子專家的培訓，使中國得以成爲一個核子大國。

◆大躍進與文革時期

一九五七年，中國發生了聲勢浩大的「反右派」運動，這次政治上的大震盪並沒有直接大規模地衝擊經濟發展，真正對經濟發展起了巨大扭動力是來自國家最高統治者。一九五七年十月的八屆三中全會上，毛澤東開始了他的「反反冒進」的最初努力。由於毛對「反冒進」的激烈反對態度，到「大躍進」開始後，中國的工業化史完全被扭曲到了另一個方向。

中國，這個世界上人口最多的國家，曾被五個字扭得東倒西歪：「大躍進」、「文革」。前三個字是一場經濟大災難，後兩個字是一場政治大災難。這五個字前前後後，裡裡外外，布滿了數不清的各式各樣的「政治運動」和「思想運動」。「運動」、「運動」，各種運動何其多，這似乎是中國人的嗜好與酷愛。歷年來各種運動不斷，到一九七九年改革開放前，大家耳熟能詳的主要「運動」就有：一九五〇年：減租反霸、鎮壓反革命運動；一九五一～一九五二年：土地改革運動、三反、五反運動；一九五四～一九五六年：農業合作化運動；一九五七年：反右派鬥爭運動；一九五八～一九六〇年：大躍進運動；一九五九年：反右傾機會主義運動；一九六三年：農村社會主義教育運動（又稱爲四清運動）及三大革命運動；一九六六～一九七六年：文化大革命運動；一九七二年：批林（彪）整風運動；一九七六年：揭批四人幫運動；一九七八年：推行農村聯產承包責任制運動。

中國的「大躍進」是一段特定的歷史時期，是在「反反冒進」的基礎上發生的，從一九五八～一九六〇年共進行了三年。「大躍進」是以異乎常理的高指標、遍及全國各個角落的浮誇風氣、「一平二調」的共產風爲主要特徵，它來勢迅猛，在工業建設上，在全國的各行各業，難以想像的狂熱和愚昧幾乎完全取代了科學的眞理，而科學的眞理也往往受政治所左右，給中國經濟造成難以估量的巨大損失，引來了三年曠古未見的嚴重飢荒和舉世無比的經濟困難。

在工業生產方面，毛澤東要求大大縮短超英趕美的時間，把原定的鋼鐵和其他重要工業產品的產量由十五年趕上或超過英國，改爲七年趕上英國，再加八到十年趕上美國等等。「超英趕美」政策使得各地誇大浮報成果，中央忙得修改進度，紛紛胡亂提出高指標，化腐朽爲神奇，變不可能爲可能。毛認爲工業最重要的是「三大元帥、兩個先行」，即糧食、鋼鐵、機械是三大產業支柱，電力、鐵路建設也非常重要，必須先實行。

當時中共傳聲筒——《人民日報》更發表社論說：「事在人爲，人定可以勝天，國民經濟的發展，不決定於其他外在條件，而決定於人。人有多大膽，地有多大產，地的產是人的膽決定的。」北戴河會議認爲：「農業已上了軌道，工業還沒有上軌道，工業的中心問題是鋼鐵和機械，而機械又決定於鋼鐵。」於是掀起一場史無前例的「全民大煉鋼運動」，即大搞「小土群」（小高爐、土法煉鋼、群衆運動三項的簡稱）。

一九五八年秋天，全中國的人民將家中可以煉鋼的鐵製品，全部放進了以柴火爲燃料的火爐裡，因爲他們相信，鎔掉這些鐵鍋、鐵盆，甚至彈簧，就能誕生一個新的鋼鐵中國。全中國鋪天蓋地的瀰漫著鎔鐵火爐冒出的火光及煙硝，並在各處、街角都可以看到標語、告示以及麥克風宣告著這波煉鋼運動的成功。而那些火爐不過只是用磚，或是大油桶混著泥土砌成的。最後，事實顯示，「中國製」的鋼最終不過是些易碎的、毫無價值的鐵條或鐵塊。煉鋼夢結束了。

在農業生產方面，一九五六年毛宣示要中國人民共同「除四害」。所謂「害」即是蒼蠅、老鼠、麻雀和蚊子。對知識份子毫不信任的他，也不把此舉可能對整個生態系統造成食物鏈破壞的警告放在心上。曾經研製中國飛彈成功而有「中國飛彈之父」的錢學森，心中所想的是要爲中國發展核武和太空計畫，怎麼會想到，他也加入行列，在北京的一條巷子裡，跪在地上找蒼蠅的幼蟲。之後，全中國的人民都動員起來殺麻雀。在政府宣告的殺麻雀日，全國各地的人民敲鑼打鼓、揮動綁在竹竿上的布條，或是站在屋頂或樹上聲嘶力竭地喊著，讓麻雀嚇得只敢在空中盤旋，直到力竭而死。

一向追求科學眞理的錢學森於一九五八年在《科學大衆》雜誌的六月號寫了一篇文章，他說「農業的最大生產極限端視陽光和每一單位土地的效能，理論上要使農作物增產二十倍是可能的。我們需要的是足夠的水、肥料和勞力，就可能讓產量無限地增加」。這篇文章讓全中國的科學界爲之震驚，然而卻完全輸入毛的腦中，爲他的計畫作了科學性的背書。那年的豐收讓農產量比前一年要增加百分之六十九，而以後卻急速下降。全國農民寧可殺光家裡的牲畜，也不願將之繳庫。農地因爲農民忙著找東西煉鋼而荒廢；由於讓一億農民參與煉鋼，因而有一百億個工作天爲之浪費。此外，麻雀被獵殺殆盡，農作物被蟲害侵襲，煉鋼得砍樹提供燃料，整片山被剝得光禿禿，林地爲之一空。

一九五九年，澇害及乾旱更深化了缺糧問題的嚴重性，農民生活更苦，不少地方的草根樹皮成了食物，浮腫和肝炎非常流行，飢荒延伸到城鎮，不久，全國便流傳著人們殺嬰吃自己的骨肉，或屠殺自己的孩子，用孩子的肉來換食物的事。農作物欠收，全國大飢荒，造成三千到七千萬人死於飢餓。糧食生產的恢復整整熬了七年，在這缺糧的歲月裡只得從澳洲和加拿大進口。

一個錯誤決策，比貪官污吏還嚴重，使得萬千村莊荒蕪，無數生靈傾命。工業政策的錯誤，主要不是由於辦多了，而是由於辦糟了，違反了科學，帶來了無窮的禍害。

「大躍進」的結果，工業化出了許多問題：一是不顧品質，盲目追求產量；二是擴充設備，不按計畫檢修；三是爲突出產量，大中企業也加入「土法煉鋼行業」，浪費大量資源。「大躍進」給中國帶來了「小企業」；給煤炭工業造成嚴重後果，採掘失調、設備失修，生產能力因擴充設備受到嚴重損害。由於「大躍進」基本建設總規模過大，一方面超過了國力能夠提供的財力和物力的支持，另一方面，也擠掉了重點項目，使得技術落後的小項目盲目興辦，使技術先進的大項目困難重重。「大躍進」的本意是希望快，卻得了慢；希望高，卻得了低；希望好，卻得了糟。

「大躍進」在中國的經濟史上是非常重要的一頁，它所帶來的空前災難，更是經濟上最慘痛、沉重的一頁。

一九六二年本是「二五計畫」時期結束的一年，但由於發生了「大躍進」，原來的「二五」也就煙消雲散。可以說，經過「大躍進」，原「二五計畫」沒有完成。

調整時期，在經濟發展上，毛澤東除倡導「農業學大寨」、「工業學大慶」外，一九六三年提出「兩個拳頭、一個屁股」（即農業和國防是兩個拳頭，基礎工業是一個屁股）的戰略方針。要求把工廠一分爲二，搶時間遷到內地去。

一九六五年十一月十日，毛澤東批准發表姚文元評新編歷史「海瑞罷官」，揭開了「文化大革命」的序幕。很快「文革」開始了，經濟生活也和政治局面一樣，一片混亂。毛對教育的厭惡，罵知識份子爲「臭老九」，以及對於劉少奇、鄧小平結黨的恐懼，具體地爆發在文化大革命這場浩劫上，毛藉此推翻了中國的整體社會結構，剷除異己，並重塑個人的威望。一九六六年三月，毛鼓動中國青年站起來，加入一場新的革命。

文革運動開始時，第一批紅衛兵出現在北京天安門。毛接受「小將」們的歡呼，這些小將多數是十二到十四歲的初中小毛頭，在手臂上別著繡黃色「紅衛兵」字樣的紅棉臂章。大型海報出現在校園，寫著詆毀學校當權者的文字，在一星期之中，整個城裡，近萬名學生將十萬張海報四處張貼。上頭寫著指控、侮辱性的文字，甚至暴力相向。很快地，這股「旋風」席捲整個中國。之後，即帶來了長達十年的災難。

「文化大革命」是中國歷史上最黑暗的一頁，它給中華民族帶來的慘重災難罄竹難書。到了「文革」後期，甚至連毛也感到孤立難安，喪失信心。他去世前曾說，他這一生幹了兩件大事：一是與蔣介石鬥了那麼幾十年，把他趕到那麼幾個海島上去了；抗戰八年，把日本人請回老家去了。對這些事持異議的人不多。另一件就是發動文化大革命。這件事擁護的人不多，反對的人不少。粉碎「四人幫」之後，葉劍英在一次講話中沉痛地說：「『文化大革命』死了兩千萬人，整了一億人，浪費了八千億人民幣。」

毛澤東死後，接著「四人幫」垮台，鄧小平三度復出。一九七八年末，中國共產黨十一屆三中全會決定實行改革開放政策，解放了被束縛的生產力，有力地推動了經濟發展和社會進步。同時，美國與中國建立正式外交關係，不再承認台灣。兩岸關係發生微妙變化。

二、改革開放以來

一九七八年十二月中國決定實施改革開放政策，一九七九年邁入第一個年頭，中國的改革政策出現了重要變化，放鬆了中央政治監控，從縱深調整經濟體制。這些改變使中國走上了經濟穩步迅速發展的道路，在一九七九～一九九八年的近二十年間，國民生產總額成長三倍，人口成長減緩，人均純收入成長二．七倍。中國的人均國民生產總值以每年百分之六的速度遞增，經濟高速發展。韓國是亞洲唯一能超過它的國家，但在一九九七年的亞洲金融風暴中，韓國首當其衝，經濟成長率降到負數。

改革政策促使集體農業被取消；個體農戶重獲生產自主權；小型工商業脫離了政府控制，邁向私營，業績大大超過國營企業；對外貿易和投資擴大；市場活躍；產品豐富。

中國和蘇聯在改革期間表現出驚人的差異，當中國欣欣向榮時，蘇聯的政治、經濟體制都在崩潰。一九七八年中國人均國民收入是蘇聯的百分之十五，一九九五年俄羅斯的百分之六十。中國改革期間是國際緊張形勢最緩和的時期，中國廣大的市場及商機，誘發世界各國前來投資。中國成為世界第二經濟實體，在世界總收入中所佔的比例是過去的兩倍多，在世界貿易總額中所佔比例是過去的三倍多。

五〇年代，中國的經濟與蘇聯緊密相連，六〇年代，兄弟之情關係中斷，從此以後直到一九七一年，中國游離於國際邊緣，被排斥在聯合國外。

一九七一年四月，美國取消對中國的貿易禁運。在美國一九五〇～一九七一年的全面貿易封鎖之下，自立更生，保持著運轉。

◆改革開放前後比較

儘管中國官方會誇大其國民所得及經濟成長率的各項統計數字，截至目前，我們深信，中國仍是從計畫性經濟向資本主義自由市場轉型最成功的實例。情況比東歐和俄羅斯好得多。

改革開放前，中國農村戶口不准遷入城市，在戶口登記中，他們被迫登記上「農村戶口」，並被限制在低收入的農業、鄉辦企業和服務行業中，改革開放期間，勞力資源分配已得到很大改善，尤其是在農村地區。雖然城鄉戶口遷移仍有嚴格限制，並且人員過剩的大型企業仍是城市的國營企業，但小型企業、服務行業的繁榮已從農村吸收一部分剩餘勞力。

中國的教育重點是發展初級和中級教育。文革時期，所有高中、大學都被關閉，教師受到羞辱和迫害，直到改革開放時，中國「倒爺」牟其中在美國華爾街的工作伙伴溫元凱博士向鄧小平提出「恢復高考制度」建議，各級學校才得以重新開課。一九

★台商在上海投資手筆比在台灣大，圖為在淮海中路的西餐廳，投資金額達三千萬台幣。

九四年，大約有六萬人在國外留學，而文革期間人數爲零。

改革前，爲投資而籌措的資金絕大部分由政府解決，用縮減消費和保持低工資來儲備資金。改革期間，國民儲蓄率提高，家庭存款在投資中所佔比例迅速成長。

改革期間，農業在國內生產總値中的比例由百分之五十九降到百分之二十三，在就業中所佔比例也由百分之八十三降到百分之五十三，最有活力的部門是工業，在國內生產總値中，比以前成長四倍。農業勞動成長速度是改革前的二十五倍，工業、建築業和服務業都不如農業改變的幅度大。一九七八年，中國把集中的土地重新分配給農戶承包耕種作爲一項實驗，首先在安徽省試行，後來證明非常成功。因此到一九八〇年，有百分之十四的生產隊實行家庭承包制，一九八一年則有百分之四十五，一九八二年百分之八十，一九八四年已達到百分之九十九。「人民公社」創立於一九五八～一九六〇年「大躍進」之時，「人民公社」和「生產隊」在一九八四年改成了鄉鎮企業，把鄉、鎮重新作爲經營管理的單位。舊的公社管理制度取消，由各鄉鎮政府、黨委和經濟委員會取而代之。儘管中國農工業有了很大的發展，但以國際標準來看，中國的勞動生產率仍是低的。一九七八年以後，鄉鎮企業的數量並沒有增加很多。但從就業情況來看，其平均規模大大提高。鎮辦企業的勞動生產率提高七倍，村辦企業的勞動生產率提高近十一倍。然而，最有活力的成長還是在個體戶。一般來說個體戶的規模都很小，平均生產率不及鄉鎮企業的一半。

至改革開放中期，工業成長速度有所緩慢，但所有其他行業的發展速度加快。運輸、通訊、商業、飯店和建築業的發展速度都比工業快。改革以來，政府放寬對工業的控制，國營企業繼續擴展並且享受獲取資金的特權。但是營業利潤急劇下降，政府從銀行系統借款來支撐國營企業。大約百分之四十的國營企業工人轉變爲合同工人，他們的待遇比原有的工人差。

毛澤東時期的工業政策分爲兩個階段：一九五八年以前，在接管民族私有企業時是非常小心謹慎的。大多數外國資產在初期已被沒收，其中半數是日本企業，在戰爭結束時被沒收。大多數其他外國企業是在韓戰爆發時被沒收，以作爲對外國的經濟禁運政策的報復。與日本合作的中國公民的財產，在國民黨時期就已被沒收。一九四九

～一九五七年是與國家資本主義共存的時期，私營企業執行國家訂單或作爲合作的企業營運。私營企業在一九五八年「大躍進」時期被徹底根除。

改革開放後，政府放寬監控政策，從事零售業、餐飲業、服務業和日雜物品，這些行業的發展非常迅猛，特別是農村地區。開業無需大量資金或正式教育，故從事這一行並不困難。到一九九三年，零售業的百分之九十三、旅館業的百分之九十六、批發業的百分之五十三都是私營的。

在六〇年代，中國的處境非常孤立，與美國沒有任何往來，又要償還蘇聯的債務。從一九五二～一九七八年，南韓得到的外資相當於其國內生產總值的百分之七點八，台灣是百分之二點五。中國對香港的大量出口順差爲中國提供大量的外匯和貿易，才改善逆境。

新政策中一項重大的舉措是建立「經濟特區」。經濟特區是類似自由貿易區，進口投資和出口是免稅的。一九八〇年成立四個經濟特區：廣東深圳、珠海、汕頭和福建廈門。深圳特區是其中最大的，面積有三百二十八平方公里。一九八四年，十四個沿海城市對外開放，以擴大涉外經濟範圍。長江三角洲和上海也加入開放的行列。一九八八年，海南島成爲第五個經濟特區。

一九七八年，中國沒有外債，也幾乎沒有外國直接投資，但到一九九六年底，外國直接投資的金額有一千七百四十九億美元。到一九九六年底時，百分之六十三來自香港、台灣和新加坡。

◆改革開放後中國經濟所面臨的挑戰

中國經濟在發展中取得巨大成就的同時，也存在不少困難和問題，面

★上海重要地角租金都比台北貴，但也是台商的最愛，尤其是服務業，人潮形成兵家必爭之地，圖爲台商所開設的美容美體連鎖店。

臨著嚴峻的挑戰，這些兩極化的並存問題都有待解決：

1. 隨著經濟規模擴大，「就業人數不斷增加」與「全社會的失業率上升」並存，「農村剩餘勞力流動速度加快」與「困難加大」並存，這將使得潛在的不穩定因素有增加的趨勢。

2. 「經濟規模迅速擴大」與「資源浪費、環境污染」日益嚴重並存。能源和水源短缺、生態失衡、環境惡化日益成爲經濟社會可持續發展的影響因素。

3. 「對科學技術和人才的需求日益提高」與「大量低素質的剩餘勞力」並存。

4. 新的社會主義市場經濟體制已開始運行，但舊體制仍然在許多領域起作用，新舊體制雙軌運行並存。轉軌緩慢，特別是國有企業改革面臨大困難。

5. 「出口高度成長」與「傳統的低附加價值產品佔主導地位」並存。高級名牌產品和高科技產業國際競爭力不強，國內市場佔有率日益下降。

6. 「東南沿海地區經濟持續高度成長，人民生活奔向富裕」與「內地許多經濟發展緩慢，收入水準相對低下」並存。東、西經濟發展的地區差距日益拉大。

7.在中國市場容量不斷地擴大之下，「部分的中國商品生產過剩，銷售困難」與「部分商品大量進口」並存。中國名牌不斷消失，處於危機中。

這些問題都是短期內難以克服的，必須經過長期的艱苦努力才能逐步解決。

在二十世紀已結束之際，中國仍是一個相對貧窮的國家。一九九五年，其人均收入僅爲美國的百分之十一、日本的百分之十二、台灣的百分之二十。因此，中國可能會在未來數十年中繼續其追趕發達國家的努力，但如果認爲其未來的發展仍能保持一九七八～二〇〇〇年的速度是不現實的。在評價中國未來的發展前景和中國的國際地位時，我們必須考慮以上影響其國內經濟的重要因素，並且還必須觀察中國所處的國際環境。

投資中國

——台灣商人大陸夢

MBA系列 08

著　　者／劉文成
出 版 者／生智文化事業有限公司
發 行 人／林新倫
執行編輯／晏華璞
美術編輯／周淑惠
登 記 證／局版北市業字第677號
地　　址／台北市新生南路三段88號5樓之6
電　　話／(02)2366-0309　2366-0313
傳　　真／(02)2366-0310
E-mail／tn605541@ms6.tisnet.net.tw
網　　址／http://www.ycrc.com.tw
郵撥帳號／14534976
戶　　名／揚智文化事業股份有限公司
印　　刷／鼎易印刷事業股份有限公司
法律顧問／北辰著作權事務所　蕭雄淋律師
初版一刷／2001年8月
定　　價／新台幣200元
ISBN／957-818-291-0

總 經 銷／揚智文化事業股份有限公司
地　　址／台北市新生南路三段88號5樓之6
電　　話／(02)2366-0309　2366-0313
傳　　真／(02)2366-0310

國家圖書館出版品預行編目資料

投資中國：台灣商人大陸夢 / 劉文成著.-- 初版.
-- 台北市：生智, 2001 [民90]
面； 公分. --（MBA系列；8）

ISBN 957-818-291-0（平裝）

1. 經濟 - 中國大陸 2. 投資 - 中國大陸 3.
企業 - 台灣

552.2 90007671